# Smakfulle Middelhavet

Utforsk Kulinariske Skatter med Autentiske Oppskrifter fra Middelhavsregionen

Sofia Baldrighi

# Sammendrag

Middelhavs pitabrød ........................................................................... 9

Hummus Deviled Egg ........................................................................ 11

Bokhvetemuffins med eple og rosiner ........................................... 13

Muffins med gresskarkli ................................................................... 15

Bokhvete kjernemelk pannekaker .................................................. 17

Fransk toast med mandler og ferskenkompott ........................... 17

Bærhavregryn med søt vaniljekrem .............................................. 19

Sjokolade og jordbær crepe ........................................................... 21

Asparges og skinke quiche ............................................................. 23

Epleost Scones ................................................................................. 25

Bacon og egg .................................................................................... 27

Oransje-tranebærmuffins .............................................................. 29

14. Bakt ingefær havregryn med pæretopping ........................... 30

Vegetaromelett i gresk stil ............................................................. 31

Sommersmoothie ............................................................................ 33

Skinke og egg pitas ......................................................................... 34

Couscous til frokost ....................................................................... 36

Ferskensalat til frokost .................................................................. 38

Saltet havre ...................................................................................... 39

Tahini og epletoast ......................................................................... 40

Eggerøre basilikum ......................................................................... 41

greske poteter og egg .................................................................... 42

Avokado og honning smoothie ..................................................... 44

Grønnsaksomelett .......................................................................... 45

Mini salatwraps ................................................................ 47

Curry Eple Couscous ....................................................... 48

Flan av lam og grønnsaker ............................................... 49

Flyndre med urter ........................................................... 51

Blomkål quinoa ............................................................... 52

Mango pære smoothie .................................................... 53

spinatomelett ................................................................. 54

Mandelpannekaker ......................................................... 56

Quinoa fruktsalat ............................................................ 58

Jordbærrabarbra smoothie .............................................. 58

Bygggrøt .......................................................................... 59

Pepperkakegresskar smoothie ......................................... 60

Grønn juice ..................................................................... 61

Smoothie med nøtter og dadler ....................................... 63

Frukt milkshake ............................................................... 64

Sjokolade banan smoothie ............................................... 65

Yoghurt med blåbær, honning og mynte .......................... 66

Parfait med markbær og yoghurt ..................................... 67

Havregryn med bær og solsikkefrø ................................... 68

Rask mandel- og lønnekorn ............................................. 69

Bananhavre ..................................................................... 71

Frokostsmørbrød ............................................................ 72

Morgen couscous ............................................................ 74

Avokado og eple smoothie .............................................. 76

Mini omelett ................................................................... 77

Soltørket tomat havregryn .............................................. 79

Egg på avokado ............................................................... 80

Brekky Egg- Potethasj ........................................................................................... 82

Tomat og basilikumsuppe .................................................................................. 84

Gresskar Hummus ............................................................................................. 86

Skinke muffins ................................................................................................... 87

Speltsalat ........................................................................................................... 88

Blåbær og dadler ............................................................................................... 89

Linse- og cheddaromelett .................................................................................. 90

Tunfisksmørbrød ............................................................................................... 92

Speltsalat ........................................................................................................... 93

Kikert- og squashsalat ....................................................................................... 95

Provençalsk artisjokksalat ................................................................................. 97

Bulgarsk salat .................................................................................................... 99

Skål med falafelsalat ........................................................................................ 101

Enkel gresk salat .............................................................................................. 103

Rucolasalat med fiken og valnøtter ................................................................. 105

Blomkålsalat med Tahini Vinaigrette .............................................................. 107

Middelhavspotetsalat ...................................................................................... 109

Quinoa og pistasjsalat ..................................................................................... 111

Agurk kyllingsalat med krydret peanøttdressing ............................................ 113

Paella av grønnsaker ....................................................................................... 114

Aubergine og risgryte ...................................................................................... 116

couscous med grønnsaker ............................................................................... 118

Kushari ............................................................................................................. 121

Bulgur med tomater og kikerter ..................................................................... 124

Makaroni av makrell ....................................................................................... 126

Makaroni med kirsebærtomater og ansjos .................................................... 128

Risotto med sitron og reker ............................................................................ 130

Spaghetti med muslinger .................................................................. 132

gresk fiskesuppe ............................................................................... 134

Venus ris med reker ......................................................................... 136

Pennette Salmon og Vodka .............................................................. 138

Sjømat carbonara ............................................................................. 140

Garganelli med Zucchini og Rekepesto ............................................ 141

Lakseris ............................................................................................. 145

Pasta med cherrytomater og ansjos ................................................ 147

Orecchiette Brokkoli Og Pølse ......................................................... 149

Risotto Radicchio og røkt bacon ...................................................... 151

Pasta Alla Genovese ......................................................................... 153

Napolitansk blomkålpasta ................................................................ 155

Pasta og bønner Appelsin og fennikel .............................................. 157

Sitronspaghetti ................................................................................. 159

Krydret grønnsaks-cous-cous ........................................................... 160

Krydret bakt ris med fennikel .......................................................... 162

Marokkansk couscous med kikerter ................................................. 164

Vegetarisk paella med grønne bønner og kikerter .......................... 166

Hvitløksreker med tomater og basilikum ........................................ 168

Reker paella ..................................................................................... 170

Linsesalat med oliven, mynte og fetaost ......................................... 172

Kikerter med hvitløk og persille ...................................................... 174

Stuede kikerter med auberginer og tomater .................................. 176

Gresk ris med sitron ........................................................................ 178

Ris med aromatiske urter ................................................................ 180

Middelhavsrissalat ........................................................................... 182

Frisk bønne- og tunfisksalat ............................................................ 184

Deilig kyllingpasta ................................................................................. 186

Middelhavs taco ................................................................................... 188

Velsmakende mac og ost ................................................................... 190

Agurk oliven ris ..................................................................................... 192

Aromatiske urter risotto ...................................................................... 194

Deilig Pasta Primavera ........................................................................ 196

Stekt pepperpasta ............................................................................... 198

Ost basilikum tomat ris ....................................................................... 200

Pasta med tunfisk ................................................................................ 202

Blandede smørbrød avokado og kalkun ........................................... 204

Kylling med agurk og mango .............................................................. 206

Fattoush - brød fra Midtøsten ............................................................ 208

Glutenfri hvitløk og tomatfocaccia .................................................... 210

Grillet burger med sopp ...................................................................... 212

Middelhavet Baba Ghanoush ............................................................. 214

# Middelhavs pitabrød

**Forberedelsestid: 22 minutter**

**Matlagingstid**: 3 minutter

**Porsjoner: 2**

**Vanskelighetsgrad: lett**

**Ingredienser:**

- 1/4 kopp søt rød pepper
- 1/4 kopp hakket løk
- 1 kopp eggerstatning
- 1/8 ts salt
- 1/8 ts pepper
- 1 tomat kuttet i små biter
- 1/2 kopp fersk revet babyspinat
- 1-1/2 ts hakket fersk basilikum
- 2 hele pitaer
- 2 ss smuldret fetaost

**Indikasjoner:**

Dekk en liten nonstick-gryte med matlagingsspray. Rør inn løk og rød pepper i 3 minutter på middels varme. Tilsett eggerstatningen og smak til med salt og pepper. Rør til det stivner. Bland den hakkede spinaten, de hakkede tomatene og den hakkede basilikumen. Hell over focacciaen. Topp grønnsaksblandingen med eggeblandingen. Topp med smuldret fetaost og server umiddelbart.

**Næring (per 100g):** 267 kalorier 3g fett 41g karbohydrater 20g protein 643mg natrium

## Hummus Deviled Egg

**Forberedelsestid: 10 minutter**

**Matlagingstid**: 0 minutter

**Porsjoner: 6**

**Vanskelighetsgrad: lett**

**Ingredienser:**

- 1/4 kopp agurk i terninger
- 1/4 kopp finhakket tomat
- 2 ts fersk sitronsaft
- 1/8 ts salt
- 6 skrellede hardkokte egg, halvert på langs
- 1/3 kopp stekt hvitløkshummus eller en hvilken som helst smak av hummus
- Finhakket fersk persille (valgfritt)

**Indikasjoner:**

Kombiner tomat, sitronsaft, agurk og salt og bland deretter forsiktig. Skrap plommene fra de halverte eggene og lagre til senere bruk. Øs en haug teskje humus i hvert halve egg. Topp med persille og 1/2 ts av tomat-agurkblandingen. Server umiddelbart

**Næring (per 100g):** 40 kalorier 1 g fett 3 g karbohydrater 4 g

Røkt laks eggerøre

**Forberedelsestid: 2 minutter**

**Matlagingstid**: 8 minutter

**Porsjoner: 4**

**Vanskelighetsgrad: middels**

**Ingredienser:**

- 16 gram eggerstatning, kolesterolfri
- 1/8 ts sort pepper
- 2 ss skivet grønn løk, behold topper
- 1 unse kald fettfattig kremost, kuttet i 1/4-tommers terninger
- 2 gram røkt lakseflak

**Indikasjoner:**

Skjær den kalde kremosten i ¼-tommers terninger og sett til side. Pisk eggerstatningen og pepper i en stor bolle. Dekk en nonstick-gryte med matlagingsspray på middels varme. Rør inn eggerstatningen og kok i 5 til 7 minutter eller til du begynner å stivne, rør av og til og skrap bunnen av pannen.

Rør inn kremost, grønn løk og laks. Fortsett å koke og rør i ytterligere 3 minutter eller bare til eggene fortsatt er fuktige, men gjennomstekt.

**Næring (per 100g):** 100 kalorier 3g fett 2g karbohydrater 15g protein 772mg natrium

# Bokhvetemuffins med eple og rosiner

**Forberedelsestid: 24 minutter**

**Matlagingstid**: 20 minutter

**Porsjoner: 12**

**Vanskelighetsgrad: middels**

## Ingredienser:

- 1 kopp universalmel
- 3/4 kopp bokhvetemel
- 2 ss brunt sukker
- 1 og en halv teskje bakepulver
- 1/4 ts natron
- 3/4 kopp fettfattig kjernemelk
- 2 ss olivenolje
- 1 stort egg
- 1 kopp friske epler i terninger, skrelt og kjernehuset
- 1/4 kopp gylne rosiner

**Indikasjoner:**

Forbered ovnen for 375 grader F. Kle en 12-kopps muffinsform med nonstick-spray eller papirkasser. Å legge til side. Bland alle de tørre ingrediensene i en miksebolle. Å legge til side.

Pisk de flytende ingrediensene til de er jevne. Overfør den flytende blandingen til melblandingen og rør til den er fuktet. Tilsett epler og rosiner i terninger. Fyll hver muffinskopp ca 2/3 full av blandingen. Kok til den er gyldenbrun. Bruk tannpirketesten. Tjene.

**Næring (per 100g):** 117 kalorier 1g fett 19g karbohydrater 3g protein 683mg natrium

# Muffins med gresskarkli

**Forberedelsestid: 20 minutter**

**Matlagingstid**: 20 minutter

**Porsjoner: 22**

**Vanskelighetsgrad: middels**

## Ingredienser:

- 3/4 kopp universalmel
- 3/4 kopp fullkornshvetemel
- 2 ss sukker
- 1 ss bakepulver
- 1/8 ts salt
- 1 ts gresskarpaikrydder
- 2 kopper 100% kli frokostblanding
- 1 og en halv kopp skummet melk
- 2 eggehviter
- 15 oz x 1 boks squash
- 2 ss avokadoolje

**Indikasjoner:**

Forvarm ovnen til 400 grader Fahrenheit. Forbered en muffinsform som er nok til 22 muffins og kle den med nonstick-spray. Bland de fire første ingrediensene til de er blandet. Å legge til side.

Bruk en stor bolle, bland sammen melk og kli frokostblandingen og la stå i 2 minutter eller til frokostblandingen mykner. Tilsett olje, eggehviter og squash i kliblandingen og bland godt. Hell i melblandingen og bland godt.

Fordel røren likt i muffinsformen. Stek i 20 minutter. Ta muffinsene ut av pannen og server varme eller avkjølte.

**Næring (per 100g):** 70 kalorier 3g fett 14g karbohydrater 3g protein 484mg natrium

## Bokhvete kjernemelk pannekaker

**Forberedelsestid: 2 minutter**

**Matlagingstid**: 18 minutter

**Porsjoner: 9**

**Vanskelighetsgrad: lett**

**Ingredienser:**

- 1/2 kopp bokhvetemel
- 1/2 kopp universalmel
- 2 ts bakepulver
- 1 ts brunt sukker
- 2 ss olivenolje
- 2 store egg
- 1 kopp fettfattig kjernemelk

**Indikasjoner:**

Kombiner de fire første ingrediensene i en bolle. Tilsett olje, kjernemelk og egg og bland til en jevn masse. Plasser stekepannen på middels varme og spray med nonstick-spray. Hell ¼ kopp av røren i pannen og stek i 1-2 minutter på hver side eller til den er gyldenbrun. Server umiddelbart.

**Næring (per 100g):** 108 kalorier 3g fett 12g karbohydrater 4g protein 556mg natrium

## Fransk toast med mandler og ferskenkompott

**Forberedelsestid: 10 minutter**

**Matlagingstid**: 15 minutter

**Porsjoner: 4**

**Vanskelighetsgrad: lett**

**Ingredienser:**

- <u>Komponert:</u>
- 3 ss sukkererstatning, laget av sukralose
- 1/3 kopp + 2 ss vann, delt
- 1 1/2 kopper fersken skrellet eller frossen fersken, tint og drenert, i skiver
- 2 ss ferskenpålegg, uten tilsatt sukker
- 1/4 ts malt kanel
- <u>Mandelfrench toast</u>
- 1/4 kopp lettmelk (skummet).
- 3 ss sukkererstatning, laget av sukralose
- 2 hele egg
- 2 eggehviter
- 1/2 ts mandelekstrakt
- 1/8 ts salt
- 4 skiver flerkornsbrød
- 1/3 kopp skivede mandler

**Indikasjoner:**

For å lage kompotten, løs opp 3 ss sukralose i 1/3 kopp vann i en middels kjele over middels høy varme. Ha inn ferskenene og kok opp. Reduser varmen til middels og fortsett å putre uten lokk i ytterligere 5 minutter eller til ferskenene er myke.

Kombiner det gjenværende vannet og fruktpålegget, og rør deretter ferskenene i kasserollen. Kok i et minutt til eller til sirupen tykner. Ta av varmen og tilsett kanel. Dekk til for å holde varmen.

For å lage arme riddere. Bland melk og sukralose i en stor dyp tallerken og visp til den er helt oppløst. Tilsett eggehviter, egg, mandelekstrakt og salt. Dypp begge sider av brødskivene i eggedosisen i 3 minutter eller til de er helt gjennomvåte. Dryss begge sider med skivede mandler og trykk godt for å feste.

Pensle nonstick-pannen med kokespray og sett på middels høy varme. Stek brødskivene på takke i 2 til 3 minutter på begge sider eller til de er lysebrune. Server toppet med ferskenkompotten.

**Næring (per 100g):** 277 kalorier 7 g fett 31 g karbohydrater 12 g protein 665 mg natrium

## Bærhavregryn med søt vaniljekrem

**Forberedelsestid: 5 minutter**
**Matlagingstid**: Fem minutter
**Porsjoner: 4**
**Vanskelighetsgrad: lett**

**Ingredienser:**

- 2 kopper vann
- 1 kopp hurtigkokende havre
- 1 ss sukralosebasert sukkererstatning
- 1/2 ts malt kanel
- 1/8 ts salt
- Krem
- 3/4 kopp fettfri halv og halv
- 3 ss sukralosebasert sukkererstatning
- 1/2 ts vaniljeekstrakt
- 1/2 ts mandelekstrakt
- Krydderier
- 1 1/2 kopper friske blåbær
- 1/2 kopp ferske eller frosne og tinte bringebær

**Indikasjoner:**

Kok opp vannet og tilsett havren. Reduser varmen til middels mens du koker havren uten lokk i 2 minutter eller til den tykner. Ta av varmen og rør inn sukkererstatningen, salt og kanel. I en middels stor bolle, visp sammen alle kremingrediensene til de er godt blandet. Øs de kokte havregrynene i 4 like store porsjoner og hell over den søte fløten. Kompletter med bærene og server.

**Næring (per 100g):** 150 kalorier 5 g fett 30 g karbohydrater 5 g protein 807 mg natrium

# Sjokolade og jordbær crepe

**Forberedelsestid:** 5 minutter

**Matlagingstid:** 10 minutter

**Porsjoner: 4**

**Vanskelighetsgrad: lett**

**Ingredienser:**

- 1 kopp 00 mykt hvetemel
- 2/3 kopp lettmelk (1%)
- 2 eggehviter
- 1 egg
- 3 ss sukker
- 3 skjeer usøtet kakaopulver
- 1 ss avkjølt smeltet smør
- 1/2 ts salt
- 2 ts rapsolje
- 3 ss jordbærpålegg
- 3 1/2 kopper tint eller oppskåret ferske jordbær
- 1/2 kopp tint fettfri frossen pisket topping
- Friske mynteblader (hvis ønskelig)

**Indikasjoner:**

Kombiner de første åtte ingrediensene i en stor bolle til den er jevn og godt blandet.

Pensle ¼ teskje olje på en liten nonstick-gryte på middels varme. Hell ¼ kopp av røren i midten og rør for å dekke pannen med røren.

Kok i ett minutt eller til crepe er ugjennomsiktig og kanter tørre. Snu til den andre siden og stek i et halvt minutt til. Gjenta prosessen med gjenværende blanding og olje.

Øs ¼ kopp av de tinte jordbærene inn i midten av crepeen og tråkk til fyllet er dekket. Topp med 2 ss kremfløte og pynt med mynte før servering.

**Næring (per 100g):** 334 kalorier 5g fett 58g karbohydrater 10g protein 678mg natrium

# Asparges og skinke quiche

**Forberedelsestid: 5 minutter**

**Matlagingstid**: 42 minutter

**Porsjoner: 6**

**Vanskelighetsgrad: lett**

## Ingredienser:

- 2 1/2-tommers kopper skivet asparges
- 1 hakket rød paprika
- 1 kopp melk, lite fett (1%)
- 2 ss mykt hvetemel 00
- 4 eggehviter
- 1 egg, helt
- 1 kopp hakket kokt skinke
- 2 ss estragon eller hakket fersk basilikum
- 1/2 ts salt (valgfritt)
- 1/4 ts sort pepper
- 1/2 kopp sveitserost, finhakket

## Indikasjoner:

Forvarm ovnen til 350 grader F. Mikrobølgeovn paprika og asparges i en spiseskje vann på HØY i 2 minutter. Avløp. Visp inn mel og melk, og tilsett deretter egg og eggehviter til det er godt blandet. Bland inn grønnsakene og de andre ingrediensene bortsett fra osten.

Hell i en 9-tommers kakeform og stek i 35 minutter. Dryss osten over quichen og stek i ytterligere 5 minutter eller til osten er smeltet. La avkjøles i 5 minutter og kutt deretter i 6 skiver for servering.

**Næring (per 100g):** 138 kalorier 1 g fett 8 g karbohydrater 13 g protein 588 mg natrium

# Epleost Scones

**Forberedelsestid: 20 minutter**

**Matlagingstid**: 15 minutter

**Porsjoner: 10**

**Vanskelighetsgrad: middels**

## Ingredienser:

- 1 kopp universalmel
- 1 kopp helhvetemel, hvitt
- 3 ss sukker
- 1 og en halv teskje bakepulver
- 1/2 ts salt
- 1/2 ts malt kanel
- 1/4 ts natron
- 1 Granny Smith-eple i terninger
- 1/2 kopp revet skarp cheddarost
- 1/3 kopp eplemos, naturlig eller usøtet
- 1/4 kopp melk, fettfri (skummet)
- 3 ss smeltet smør
- 1 egg

## Indikasjoner:

Forbered ovnen for 425 grader F. Forbered bakeplaten ved å kle den med bakepapir. Bland alle de tørre ingrediensene i en bolle og bland. Bland inn osten og eplet. Å legge til side. Visp alle våte ingredienser sammen. Hell over den tørre blandingen til den er blandet og blir som en klissete deig.

Arbeid deigen på et melet underlag ca 5 ganger. Klapp og strekk deretter til en 8-tommers sirkel. Skjær i 10 diagonale snitt.

Legg på bakepapir og spray over med kokespray. Stek i 15 minutter eller til de er lett brune. Tjene.

**Næring (per 100g):** 169 kalorier 2g fett 26g karbohydrater 5g protein 689mg natrium

## Bacon og egg

**Forberedelsestid: 15 minutter**

**Matlagingstid**: 15 minutter

**Porsjoner: 4**

**Vanskelighetsgrad: lett**

**Ingredienser:**

- 1 kopp eggerstatning, uten kolesterol
- 1/4 kopp parmesan, strimlet
- 2 skiver kanadisk bacon i terninger
- 1/2 ts rød peppersaus
- 1/4 ts sort pepper
- 4x7-tommers fullkornstortillas
- 1 kopp babyspinatblader

**Indikasjoner:**

Forvarm ovnen til 325 grader F. Kombiner de første fem ingrediensene for å lage fyllet. Hell blandingen i en 9-tommers bakebolle i glass sprayet med matlagingsspray med smørsmak.

Kok i 15 minutter eller til eggene har stivnet. Kjør ut. Sett tortillaene i ovnen i ett minutt. Skjær den bakte eggeblandingen i kvarte. Ordne en fjerdedel i midten av hver tortilla og topp med 1/4 kopp spinat. Brett tortillaen fra bunnen til midten og deretter begge sider til midten for å omslutte. Server umiddelbart.

**Næring (per 100g):** 195 kalorier 3 g fett 20 g karbohydrater 15 g protein 688 mg natrium

# Oransje-tranebærmuffins

**Forberedelsestid: 10 minutter**

**Matlagingstid**: 10-25 minutter

**Porsjoner: 12**

**Vanskelighetsgrad: middels**

**Ingredienser:**

- 1 3/4 kopper allsidig mel
- 1/3 kopp sukker
- 2 og en halv ts bakepulver
- 1/2 ts natron
- 1/2 ts salt
- 1/2 ts malt kanel
- 3/4 kopp melk, fettfri (skummet)
- 1/4 kopp smør
- 1 egg, stort, lett pisket
- 3 ss tint appelsinjuicekonsentrat
- 1 ts vanilje
- 3/4 kopp friske blåbær

**Indikasjoner:**

Forvarm ovnen til 400 grader F. Følg bokhvete-, eple- og rosinmuffins trinn 2 til 5. Fyll muffinskoppene ¾ fulle av blandingen og stek i 20 til 25 minutter. La avkjøle i 5 minutter og server varm.

**Næring (per 100g):**149 kalorier 5 g fett 24 g karbohydrater 3 g protein 518 mg natrium

## 14. Bakt ingefær havregryn med pæretopping

**Forberedelsestid: 10 minutter**

**Matlagingstid**: 15 minutter

**Porsjoner: 2**

**Vanskelighetsgrad: lett**

**Ingredienser:**

- 1 kopp gammeldags havre
- 3/4 kopp melk, fettfri (skummet)
- 1 eggehvite
- 1 1/2 ts revet ingefær, fersk eller 3/4 ts malt ingefær
- 2 ss brunt sukker, delt
- 1/2 moden pære i terninger

**Indikasjoner:**

Spray 2 6-unse ramekins med nonstick matlagingsspray. Forbered ovnen for 350 grader F. Kombiner de fire første ingrediensene og en spiseskje sukker og bland godt. Hell jevnt mellom de 2 ramekins. Kompletter med pæreskiver og den resterende skjeen sukker. Stek i 15 minutter. Serveres varm.

**Næring (per 100g):**268 kalorier 5 g fett 2 g karbohydrater 10 g protein 779 mg natrium

# Vegetaromelett i gresk stil

**Forberedelsestid: 10 minutter**

**Matlagingstid**: 20 minutter

**Porsjoner: 2**

**Vanskelighetsgrad: lett**

**Ingredienser:**

- 4 store egg
- 2 ss fettfri melk
- 1/8 ts salt
- 3 ts olivenolje, delt
- 2 kopper Portobello baby, i skiver
- 1/4 kopp finhakket løk
- 1 kopp fersk babyspinat
- 3 ss fetaost, smuldret
- 2 ss modne oliven i skiver
- Nykvernet pepper

**Indikasjoner:**

Visp sammen de tre første ingrediensene. Bland 2 ss olje i en nonstick-gryte over middels høy varme. Fres løk og sopp i 5-6 minutter eller til de er gyldenbrune. Rør inn spinaten og kok opp. Fjern blandingen fra pannen.

Bruk den samme pannen og varm opp den gjenværende oljen over middels lav varme. Hell i eggblandingen og så snart den begynner å stivne, skyv kantene mot midten for å la den ukokte blandingen flyte. Når rognen har stivnet, øser du grønnsaksblandingen til den ene siden. Dryss oliven og fetaost og brett over den andre siden for å forsegle. Skjær i to og dryss med pepper til servering.

**Næring (per 100g):** 271 kalorier 2 g fett 7 g karbohydrater 18 g protein 648 mg natrium

# Sommersmoothie

**Forberedelsestid: 8 minutter**

**Matlagingstid**: 0 minutter

**Porsjoner: 2**

**Vanskelighetsgrad: lett**

**Ingredienser:**

- 1/2 banan, skrelt
- 2 kopper jordbær, halvert
- 3 ss mynte, hakket
- 1 1/2 kopp kokosvann
- 1/2 avokado, uthulet og skrelt
- 1 daddel, hakket
- Isbiter etter behov

**Indikasjoner:**

Bland alt i en blender og kjør til det er jevnt. Tilsett isbiter for å tykne og server avkjølt.

**Næring (per 100g):** 360 kalorier 12 g fett 5 g karbohydrater 31 g protein 737 mg natrium

## Skinke og egg pitas

**Forberedelsestid: 5 minutter**

**Matlagingstid**: 15 minutter

**Porsjoner: 4**

**Vanskelighetsgrad: lett**

### Ingredienser:

- 6 egg
- 2 sjalottløk, finhakket
- 1 ts olivenolje
- 1/3 kopp røkt skinke, hakket
- 1/3 kopp søt grønn pepper, hakket
- 1/4 kopp brieost
- Havsalt og sort pepper etter smak
- 4 salatblader
- 2 pitabrød, grovt

### Indikasjoner:

Varm olivenoljen i en stekepanne på middels varme. Tilsett sjalottløk og grønn pepper og stek i fem minutter, rør ofte.

Ta en bolle og visp eggene, dryss med salt og pepper. Pass på at eggene er godt pisket. Ha eggene i pannen, og rør så inn skinke og ost. Bland godt og kok til blandingen tykner. Del bollene i to og åpne lommene. Fordel en teskje sennep i hver lomme og legg til et salatblad i hver. Fordel eggedosisen i hver og server.

**Næring (per 100g):**610 kalorier 21 g fett 10 g karbohydrater 41 g protein 807 mg natrium

# Couscous til frokost

**Forberedelsestid: 5 minutter**

**Matlagingstid**: 15 minutter

**Porsjoner: 4**

**Vanskelighetsgrad: middels**

## Ingredienser:

- 3 kopper melk, lite fett
- 1 kanelstang
- 1/2 kopp aprikoser, tørket og hakket
- 1/4 kopp rips, tørket
- 1 kopp couscous, rå
- En klype havsalt, greit
- 4 ts smør, smeltet
- 6 ts brunt sukker

**Indikasjoner:**

Varm opp en panne med melk og kanel på middels høy varme. Kok i tre minutter før du tar kjelen av varmen.

Tilsett aprikoser, couscous, salt, rips og sukker. Bland godt og dekk til. La den stå til side og la den hvile i femten minutter.

Ha i kanelstangen og del den mellom bollene. Dryss over brunt sukker før servering.

**Næring (per 100g):** 520 kalorier 28 g fett 10 g karbohydrater 39 g protein 619 mg natrium

## Ferskensalat til frokost

**Forberedelsestid: 10 minutter**

**Matlagingstid**: 0 minutter

**Porsjoner: 1**

**Vanskelighetsgrad: lett**

### Ingredienser:

- 1/4 kopp valnøtter, hakket og ristet
- 1 ts honning, rå
- 1 fersken, pitlet og skåret i skiver
- 1/2 kopp cottage cheese, fettfri og i romtemperatur
- 1 ss mynte, fersk og hakket
- 1 sitron, skall

### Indikasjoner:

Legg ricottaen i en bolle og pynt med ferskenskiver og valnøtter. Drypp med honning og pynt med mynte.

Dryss på sitronskall før servering umiddelbart.

**Næring (per 100g):** 280 kalorier 11 g fett 19 g karbohydrater 39 g protein 527 mg natrium

## Saltet havre

**Forberedelsestid: 10 minutter**

**Matlagingstid**: 10 minutter

**Porsjoner: 2**

**Vanskelighetsgrad: lett**

**Ingredienser:**

- 1/2 kopp stålkuttet havre
- 1 kopp vann
- 1 tomat, stor og hakket
- 1 agurk, hakket
- 1 spiseskje olivenolje
- Havsalt og sort pepper etter smak
- Flatbladpersille, hakket til pynt
- Parmesan, lite fett og nyrevet

**Indikasjoner:**

Kok opp havre og en kopp vann med en kjele over høy varme. Rør ofte til vannet er fullstendig absorbert, noe som vil ta omtrent femten minutter. Fordel mellom to boller og tilsett tomater og agurk. Hell over olivenolje og pynt med parmesan. Pynt med persille før servering.

**Næring (per 100g):** 408 kalorier 13g fett 10g karbohydrater 28g protein 825mg natrium

# Tahini og epletoast

**Forberedelsestid: 15 minutter**

**Matlagingstid**: 0 minutter

**Porsjoner: 1**

**Vanskelighetsgrad: lett**

### Ingredienser:

- 2 ss tahini
- 2 skiver ristet grovt brød
- 1 ts honning, rå
- 1 eple, lite, med kjernehus og i tynne skiver

### Indikasjoner:

Begynn med å fordele tahini på toasten og legg deretter eplene på toppen. drypp med honning før servering.

**Næring (per 100g):** 366 kalorier 13 g fett 9 g karbohydrater 29 g protein 686 mg natrium

## Eggerøre basilikum

**Forberedelsestid: 5 minutter**

**Matlagingstid**: 10 minutter

**Porsjoner: 2**

**Vanskelighetsgrad: lett**

### Ingredienser:

- 4 egg, store
- 2 ss fersk basilikum, finhakket
- 2 ss gruyereost, revet
- 1 ss fløte
- 1 spiseskje olivenolje
- 2 fedd hvitløk, finhakket
- Havsalt og sort pepper etter smak

### Indikasjoner:

Ta en stor bolle og visp basilikum, ost, fløte og egg sammen. Pisk til det er godt blandet. Ta ut en stor stekepanne på middels lav varme og varm opp oljen. Tilsett hvitløken, stek i ett minutt. Den skal bli gyllen.

Hell eggeblandingen i pannen over hvitløken, og fortsett å røre mens de koker slik at de blir myke og luftige. Krydre godt og server varm.

**Næring (per 100g):** 360 kalorier 14 g fett 8 g karbohydrater 29 g protein 545 mg natrium

## greske poteter og egg

**Forberedelsestid: 10 minutter**

**Matlagingstid**: 30 minutter

**Porsjoner: 2**

**Vanskelighetsgrad: lett**

### Ingredienser:

- 3 tomater, frigjort og grovhakket
- 2 ss basilikum, frisk og hakket
- 1 fedd hvitløk, finhakket
- 2 ss + 1/2 kopp olivenolje, delt
- havsalt og sort pepper etter smak
- 3 rødbrune poteter, store
- 4 egg, store
- 1 ts oregano, frisk og hakket

### Indikasjoner:

Ta foodprosessoren og legg tomatene i den, puré dem med skinnet på.

Tilsett hvitløk, to spiseskjeer olje, salt, pepper og basilikum. Bland til det er godt blandet. Ha denne blandingen i en panne, kok tildekket i tjue til tjuefem minutter på lav varme. Sausen din skal være tykk og boblende.

Skjær potetene i terninger og sleng dem deretter med ½ kopp olivenolje i en panne på middels lav varme.

Stek potetene til de er sprø og gyldenbrune. Dette bør ta fem minutter, så dekk til pannen og reduser varmen til lav. Damp dem til potetene er klare.

Ha eggene inn i tomatsausen og kok på lav varme i seks minutter. Eggene dine bør settes.

Ta potetene ut av pannen og la dem renne av med tørkepapir. Legg dem i en bolle. Dryss over salt, pepper og oregano, og server deretter eggene med potetene. Drypp sausen med blandingen og server varm.

**Næring (per 100g):** 348 kalorier 12g fett 7g karbohydrater 27g protein 469mg natrium

## Avokado og honning smoothie

**Forberedelsestid: 5 minutter**

**Matlagingstid**: 0 minutter

**Porsjoner: 2**

**Vanskelighetsgrad: lett**

### Ingredienser:

- 1 og en halv kopp soyamelk
- 1 avokado, stor
- 2 ss honning, rå

### Indikasjoner:

Bland alle ingrediensene sammen og kjør til en jevn masse og server umiddelbart.

**Næring (per 100g):** 280 kalorier 19 g fett 11 g karbohydrater 30 g protein 547 mg natrium

# Grønnsaksomelett

**Forberedelsestid: 5 minutter**

**Matlagingstid**: 10 minutter

**Porsjoner: 2**

**Vanskelighetsgrad: lett**

**Ingredienser:**

- 1/2 babyauberginer, skrelt og i terninger
- 1 håndfull babyspinatblader
- 1 spiseskje olivenolje
- 3 egg, store
- 1 ts mandelmelk
- 1 unse geitost, smuldret
- 1/4 liten rød paprika, hakket
- havsalt og sort pepper etter smak

**Indikasjoner:**

Start med å varme risten over ovnen, visp så eggene sammen med mandelmelken. Pass på at det er godt blandet, og ta deretter ut en nonstick, ovnsfast panne. Sett den over middels høy varme, og tilsett deretter olivenolje.

Når oljen er oppvarmet, tilsett eggene. Fordel spinaten over denne blandingen i et jevnt lag og tilsett resten av grønnsakene.

Reduser varmen til middels og drys over salt og pepper. La grønnsakene og eggene koke i fem minutter. Den nederste halvdelen av eggene skal være fast og grønnsakene møre. Tilsett geitosten og stek på midterste rille i 3 til 5 minutter. Eggene skal være helt klare og osten skal smeltes. Skjær i terninger og server varm.

**Næring (per 100g):** 340 kalorier 16 g fett 9 g karbohydrater 37 g protein 748 mg natrium

## Mini salatwraps

**Forberedelsestid: 15 minutter**

**Matlagingstid:** 0 minutter

**Porsjoner: 4**

**Vanskelighetsgrad: lett**

**Ingredienser:**

- 1 agurk, i terninger
- 1 rødløk, i skiver
- 1 unse fetaost, lav-fett og smuldret
- 1 sitron, presset
- 1 tomat i terninger
- 1 spiseskje olivenolje
- 12 små isbergsalatblader
- havsalt og sort pepper etter smak

**Indikasjoner:**

Bland tomat, løk, fetaost og agurk i en bolle. Bland olje og juice og smak til med salt og pepper.

Fyll hvert blad med grønnsaksblandingen og rull dem stramt. Bruk en tannpirker til å holde dem sammen til servering.

**Næring (per 100g):** 291 kalorier 10 g fett 9 g karbohydrater 27 g protein 655 mg natrium

## Curry Eple Couscous

**Forberedelsestid: 20 minutter**

**Matlagingstid**: Fem minutter

**Porsjoner: 4**

**Vanskelighetsgrad: middels**

### Ingredienser:

- 2 ts olivenolje
- 2 purre, kun hvite deler, i skiver
- 1 eple, i terninger
- 2 ss karripulver
- 2 kopper couscous, kokt og fullkorn
- 1/2 kopp pekannøtter, hakket

**Indikasjoner:**

Varm oljen i en panne på middels varme. Tilsett purren og kok til den er mør, noe som tar fem minutter. Tilsett eplet og kok til det er mykt.

Tilsett karri og couscous og bland godt. Ta av varmen og tilsett valnøttene før servering umiddelbart.

**Næring (per 100g):** 330 kalorier 12 g fett 8 g karbohydrater 30 g protein 824 mg natrium

# Flan av lam og grønnsaker

**Forberedelsestid: 20 minutter**

**Matlagingstid**: 1 time og 10 minutter

**Porsjoner: 8**

**Vanskelighetsgrad: middels**

## Ingredienser:

- 1/4 kopp olivenolje
- 1 pund magert lam, utbenet og kuttet i ½-tommers biter
- 2 store røde poteter, skrubbet og i terninger
- 1 løk, grovhakket
- 2 fedd hvitløk, finhakket
- 28 oz tomater i terninger med væske, hermetisert og uten salt
- 2 zucchini, kuttet i ½-tommers skiver
- 1 rød paprika, frøet og kuttet i 1-tommers terninger
- 2 ss flatbladpersille, hakket
- 1 spiseskje paprika
- 1 ts timian
- 1/2 ts kanel
- 1/2 glass rødvin
- havsalt og sort pepper etter smak

Indikasjoner:

Start med å skru ovnen på 325, ta deretter ut en stor gryterett. Sett den over middels høy varme for å varme olivenoljen. Når oljen er varm, rør inn lammet og brun kjøttet. Rør ofte for å unngå at det flyter, og legg deretter lammet i en stekepanne. Stek hvitløk, løk og poteter i pannen til de er møre, noe som bør ta fem til seks minutter ekstra. Legg dem også i stekepannen. Tilsett squash, pepper og tomater i pannen med urter og krydder. La det småkoke i ti minutter til før du heller det over i langpannen. Hell i vin-peppersausen. Tilsett tomaten og dekk deretter med folie. Kok i en time. Ta av lokket for de siste femten minuttene av matlagingen og juster krydderet etter behov.

**Næring (per 100g):** 240 kalorier 14 g fett 8 g karbohydrater 36 g protein 427 mg natrium

## Flyndre med urter

**Forberedelsestid: 20 minutter**

**Matlagingstid**: 1 time og 5 minutter

**Porsjoner: 4**

**Vanskelighetsgrad: middels**

**Ingredienser:**

- 1/2 kopp flatbladpersille, lett pakket
- 1/4 kopp olivenolje
- 4 fedd hvitløk, skrelt og halvert
- 2 ss rosmarin, fersk
- 2 ss timianblader, friske
- 2 ss salvie, fersk
- 2 ss sitronskall, fersk
- 4 flyndrefileter
- havsalt og sort pepper etter smak

**Indikasjoner:**

Forbered ovnen til 350 grader og legg deretter alle ingrediensene unntatt flyndre i foodprosessoren. Bland til en nøttepasta er dannet. Legg filetene på en bakeplate og pensle dem med deigen. La dem avkjøles i kjøleskapet i en time. Stek i ti minutter. Krydre og server varm.

**Næring (per 100g):** 307 kalorier 11 g fett 7 g karbohydrater 34 g protein 824 mg natrium

## Blomkål quinoa

**Forberedelsestid: 15 minutter**

**Matlagingstid**: 10 minutter

**Porsjoner: 4**

**Vanskelighetsgrad: lett**

### Ingredienser:

- 1 1/2 kopper quinoa, kokt
- 3 ss olivenolje
- 3 kopper blomkålbuketter
- 2 vårløk, hakket
- 1 ss rødvinseddik
- havsalt og sort pepper etter smak
- 1 ss rødvinseddik
- 1 ss hakket gressløk
- 1 ss hakket persille

### Indikasjoner:

Start med å varme opp en panne på middels høy varme. Tilsett oljen din. Når oljen er varm, tilsett vårløken og stek i ca. to minutter. Tilsett quinoa og blomkål, og tilsett deretter resten av ingrediensene. Bland godt og dekk til. Kok i ni minutter over middels varme og del mellom tallerkener for servering.

**Næring (per 100g):** 290 kalorier 14 g fett 9 g karbohydrater 26 g protein 656 mg natrium

## Mango pære smoothie

**Forberedelsestid: 5 minutter**

**Matlagingstid**: 0 minutter

**Porsjoner: 1**

**Vanskelighetsgrad: lett**

**Ingredienser:**

- 2 isbiter
- ½ kopp gresk yoghurt, vanlig
- ½ mango, skrellet, uthulet og hakket
- 1 kopp grønnkål, hakket
- 1 pære, moden, kjernenert og hakket

Indikasjoner:

Bland til du får en tykk og homogen blanding. Serveres kaldt.

**Næring (per 100g):** 350 kalorier 12 g fett 9 g karbohydrater 40 g protein 457 mg natrium

## spinatomelett

**Forberedelsestid: 10 minutter**

**Matlagingstid**: 20 minutter

**Porsjoner: 4**

**Vanskelighetsgrad: lett**

### Ingredienser:

- 3 ss olivenolje
- 1 løk, liten og hakket
- 1 fedd hvitløk, finhakket
- 4 tomater, store, uten kjernehus og hakkede
- 1 ts havsalt, fint
- 8 sammenpiskede egg
- ¼ teskje svart pepper
- 2 gram fetaost, smuldret
- 1 ss flatbladpersille, frisk og hakket

### Indikasjoner:

Forvarm ovnen til 400 grader og hell olivenoljen i en ildfast panne. Sett pannen over høy varme, tilsett løken. Kok i fem til syv minutter. Løken din skal bli myk.

Tilsett tomater, salt, pepper og hvitløk. La så småkoke i ytterligere fem minutter og tilsett de sammenpiskede eggene. Rør lett og stek i 3-5 minutter. De skal plasseres nederst. Sett pannen i ovnen, stek i ytterligere fem minutter. Ta ut av ovnen, pynt med persille og fetaost. Serveres varm.

**Næring (per 100g):** 280 kalorier 19 g fett 10 g karbohydrater 31 g protein 625 mg natrium

# Mandelpannekaker

**Forberedelsestid: 15 minutter**

**Matlagingstid**: 15 minutter

**Porsjoner: 6**

**Vanskelighetsgrad: lett**

Ingredienser:

- 2 kopper mandelmelk, usøtet og i romtemperatur
- 2 egg, store og i romtemperatur
- ½ kopp kokosolje, smeltet + mer til smøring
- 2 ts honning, rå
- ¼ ts havsalt, fint
- ½ ts natron
- 1 1/2 kopper fullkornshvetemel
- ½ kopp mandelmel
- 1 og en halv teskje bakepulver
- ¼ teskje kanel, malt

**Indikasjoner:**

Ta en stor bolle og visp kokosolje, egg, mandelmelk og honning, rør til det er godt blandet.

Ta en middels bolle og sikt sammen bakepulver, natron, mandelmel, havsalt, fullkornshvetemel og kanel. Bland godt.

Tilsett melblandingen i melkeblandingen og visp godt.

Ta en stor stekepanne og dekk den med kokosolje før du setter den over middels høy varme. Tilsett pannekakerøren i ½ kopps mål.

Kok i tre minutter eller til kantene er faste. Bunnen av pannekaken skal være gyllenbrun og bobler skal bryte overflaten. Stek begge sider.

Tørk av pannen og gjenta til du har brukt opp all røren. Sørg for å smøre pannen på nytt og pynt med frisk frukt om ønskelig.

**Næring (per 100g):** 205 kalorier 16g fett 9g karbohydrater 36g protein 828mg natrium

## Quinoa fruktsalat

**Forberedelsestid: 25 minutter**

**Matlagingstid**: 0 minutter

**Porsjoner: 4**

**Vanskelighetsgrad: lett**

### Ingredienser:

- 2 ss honning, rå
- 1 kopp jordbær, ferske og i skiver
- 2 ss limejuice, fersk
- 1 ts basilikum, frisk og hakket
- 1 kopp quinoa, kokt
- 1 mango, skrelt, pitlet og kuttet i terninger
- 1 kopp bjørnebær, friske
- 1 fersken, pitlet og i terninger
- 2 kiwi, skrelt og delt i kvarte

### Indikasjoner:

Start med å blande limejuice, basilikum og honning i en liten bolle. Bland jordbær, quinoa, bjørnebær, fersken, kiwi og mango i en annen bolle. Tilsett honningblandingen og rør rundt før servering.

**Næring (per 100g):** 159 kalorier 12g fett 9g karbohydrater 29g protein 829mg natrium

## Jordbærrabarbra smoothie

**Forberedelsestid: 8 minutter**

**Matlagingstid**: 0 minutter

**Porsjoner: 1**

**Vanskelighetsgrad: lett**

**Ingredienser:**

- 1 kopp jordbær, ferske og i skiver
- 1 stilk rabarbra, hakket
- 2 ss honning, rå
- 3 isbiter
- 1/8 ts malt kanel
- ½ kopp gresk yoghurt, vanlig

**Indikasjoner:**

Start med å ta ut en liten kjele og fyll den med vann. Sett den på høy varme for å koke opp, og tilsett deretter rabarbraen. Kok i tre minutter før du tømmer og overfører til en blender.

Tilsett yoghurt, honning, kanel og jordbær i blenderen. Når den er jevn, tilsett is. Bland til det ikke er klumper og det blir tykt. Nyt kulden.

**Næring (per 100g):** 201 kalorier 11 g fett 9 g karbohydrater 39 g protein 657 mg natrium

## Bygggrøt

**Forberedelsestid: 10 minutter**

**Matlagingstid**: 20 minutter

**Porsjoner: 4**

**Vanskelighetsgrad: lett**

**Ingredienser:**

- 1 kopp hvetebær
- 1 kopp bygg
- 2 kopper mandelmelk, usøtet + mer til servering
- ½ kopp blåbær
- ½ kopp granateplefrø
- 2 kopper vann
- ½ kopp hasselnøtter, ristet og hakket
- ¼ kopp honning, rå

**Indikasjoner:**

Ta en kjele, sett den på middels høy varme, og tilsett så mandelmelk, vann, bygg og hvetebær. Kok opp før du senker varmen og la det småkoke i tjuefem minutter. Rør ofte. Kornene dine skal bli møre.

Topp hver servering med tranebær, granateplefrø, hasselnøtter, en spiseskje honning og en skvett mandelmelk.

**Næring (per 100g):** 150 kalorier 10 g fett 9 g karbohydrater 29 g protein 546 mg natrium

## Pepperkakegresskar smoothie

**Forberedelsestid: 15 minutter**
**Matlagingstid**: 50 minutter
**Porsjoner: 1**

**Vanskelighetsgrad:** lett

**Ingredienser:**

- 1 kopp mandelmelk, usøtet
- 2 ts chiafrø
- 1 banan
- ½ kopp gresskarpuré, hermetisert
- ¼ teskje ingefær, malt
- ¼ teskje kanel, malt
- 1/8 ts muskatnøtt, malt

**Indikasjoner:**

Start med å ta ut en bolle og bland chai frø og mandelmelk. La dem trekke i minst en time, men du kan bløtlegge dem over natten. Overfør dem til en blender.

Tilsett de resterende ingrediensene og kjør til en jevn masse. Serveres kaldt.

**Næring (per 100g):** 250 kalorier 13 g fett 7 g karbohydrater 26 g protein 621 mg natrium

## Grønn juice

**Forberedelsestid: 5 minutter**
**Matlagingstid:** 0 minutter
**Porsjoner: 1**
**Vanskelighetsgrad: lett**

**Ingredienser:**

- 3 kopper mørkegrønne bladgrønnsaker
- 1 agurk
- ¼ kopp fersk italiensk persille
- ¼ ananas, kuttet i terninger
- ½ grønt eple
- ½ appelsin
- ½ sitron
- En klype revet fersk ingefær

**Indikasjoner:**

Bruk en juicer, puré grønnsakene, agurk, persille, ananas, eple, appelsin, sitron og ingefær i et stort krus og server.

**Næring (per 100g):** 200 kalorier 14 g fett 6 g karbohydrater 27 g protein 541 mg natrium

## Smoothie med nøtter og dadler

**Forberedelsestid: 10 minutter**

**Matlagingstid**: 0 minutter

**Porsjoner: 2**

**Vanskelighetsgrad: lett**

**Ingredienser:**

- 4 dadler med hull
- ½ kopp melk
- 2 kopper vanlig gresk yoghurt
- 1/2 kopp valnøtter
- ½ ts kanel, malt
- ½ ts vaniljeekstrakt, ren
- 2-3 isbiter

**Indikasjoner:**

Bland alt til du får en homogen blanding, server deretter kaldt.

**Næring (per 100g):** 109 kalorier 11g fett 7g karbohydrater 29g protein 732mg natrium

# Frukt milkshake

**Forberedelsestid: 5 minutter**

**Matlagingstid**: 0 minutter

**Porsjoner: 2**

**Vanskelighetsgrad: lett**

**Ingredienser:**

- 2 kopper blåbær
- 2 kopper usøtet mandelmelk
- 1 kopp knust is
- ½ ts malt ingefær

**Indikasjoner:**

Ha tyttebær, mandelmelk, is og ingefær i en blender. Bland til jevn.

**Næring (per 100g):** 115 kalorier 10 g fett 5 g karbohydrater 27 g protein 912 mg natrium

# Sjokolade banan smoothie

**Forberedelsestid: 5 minutter**

**Matlagingstid**: 0 minutter

**Porsjoner: 2**

**Vanskelighetsgrad: lett**

**Ingredienser:**

- 2 skrellede bananer
- 1 kopp skummet melk
- 1 kopp knust is
- 3 skjeer usøtet kakaopulver
- 3 skjeer honning

**Indikasjoner:**

I en blender blander du bananer, mandelmelk, is, kakaopulver og honning. Bland til du får en homogen blanding.

**Næring (per 100g):** 150 kalorier 18 g fett 6 g karbohydrater 30 g protein 821 mg natrium

## Yoghurt med blåbær, honning og mynte

**Forberedelsestid: 5 minutter**

**Matlagingstid**: 0 minutter

**Porsjoner: 2**

**Vanskelighetsgrad: lett**

**Ingredienser:**

- 2 kopper usøtet fettfri gresk yoghurt
- 1 kopp blåbær
- 3 skjeer honning
- 2 ss hakkede friske mynteblader

**Indikasjoner:**

Fordel yoghurten mellom 2 boller. Komplett med blåbær, honning og mynte.

**Næring (per 100g):** 126 kalorier 12 g fett 8 g karbohydrater 37 g protein 932 mg natrium

## Parfait med markbær og yoghurt

**Forberedelsestid: 5 minutter**

**Matlagingstid**: 0 minutter

**Porsjoner: 2**

**Vanskelighetsgrad: lett**

**Ingredienser:**

- 1 kopp bringebær
- 1½ kopp usøtet, fettfri gresk yoghurt
- 1 kopp bjørnebær
- ¼ kopp hakkede valnøtter

**Indikasjoner:**

Legg bringebær, yoghurt og bjørnebær lagvis i 2 boller. Dryss over valnøtter.

**Næring (per 100g):** 119 kalorier 13g fett 7g karbohydrater 28g protein 732mg natrium

## Havregryn med bær og solsikkefrø

**Forberedelsestid: 5 minutter**

**Matlagingstid**: 10 minutter

**Porsjoner: 4**

**Vanskelighetsgrad: lett**

**Ingredienser:**

- 1 kopp vann
- ½ kopp usøtet mandelmelk
- en klype salt
- 1 kopp gammeldags havre
- ½ kopp blåbær
- ½ kopp bringebær
- ¼ kopp solsikkefrø

**Indikasjoner:**

Kok opp vannet med mandelmelken og havsaltet i en middels kjele på middels høy varme.

Tilsett havren. Skru ned varmen til middels lav og fortsett å røre og kok i 5 minutter. Dekk til og la havregrynene sitte i ytterligere 2 minutter. Rør rundt og server toppet med blåbær, bringebær og solsikkekjerner.

**Næring (per 100g):** 106 kalorier 9 g fett 8 g karbohydrater 29 g protein 823 mg natrium

# Rask mandel- og lønnekorn

**Forberedelsestid: 5 minutter**

**Matlagingstid**: 10 minutter

**Porsjoner: 4**

**Vanskelighetsgrad: lett**

## Ingredienser:

- 1 1/2 kopper vann
- ½ kopp usøtet mandelmelk
- en klype salt
- ½ kopp hurtigkokende gryn
- ½ ts malt kanel
- ¼ kopp ren lønnesirup
- ¼ kopp flakket mandler

**Indikasjoner:**

Ha vannet, mandelmelken og havsaltet i en middels kjele på middels høy varme og vent til det koker.

Rør kontinuerlig med en tresleiv, tilsett kornet sakte. Fortsett å røre for å unngå klumper og kok opp blandingen. Reduser varmen til middels lav. La småkoke i noen minutter, rør jevnlig, til vannet er helt absorbert. Bland inn kanel, sirup og mandler. Kok i 1 minutt til under omrøring.

**Næring (per 100g):** 126 kalorier 10g fett 7g karbohydrater 28g protein 851mg natrium

# Bananhavre

**Forberedelsestid: 10 minutter**

**Matlagingstid**: 10 minutter

**Porsjoner: 2**

**Vanskelighetsgrad: lett**

**Ingredienser:**

- 1 banan, skrelt og skåret i skiver
- ¾ c. mandel-melk
- ½ c. kald kaffe
- 2 dadler med hull
- 2 ss. kakaopulver
- 1 c. havregryn
- 1 og en halv ss. chiafrø

**Indikasjoner:**

Bruk en blender, tilsett alle ingrediensene. Arbeid godt i 5 minutter og server.

**Næring (per 100g):** 288 kalorier 4,4 g fett 10 g karbohydrater 5,9 g protein 733 mg natrium

## Frokostsmørbrød

**Forberedelsestid:** 5 minutter

**Matlagingstid:** 20 minutter

**Porsjoner:** 4

**Vanskelighetsgrad:** lett

### Ingredienser:

- 4 flerkornssmørbrød
- 4 ts. oliven olje
- 4 egg
- 1 spiseskje. rosmarin, fersk
- 2 c. babybladspinat, fersk
- 1 tomat, i skiver
- 1 spiseskje. av fetaost
- En klype kosher salt
- Kvernet svart pepper

### Indikasjoner:

Forbered ovnen til 375 F / 190 C. Pensle sidene på tynne deler med 2 ts. av olivenolje og legg dem på en bakeplate. Stek og rist i 5 minutter eller til kantene er lett brune.

Tilsett resten av olivenoljen og rosmarinen i en panne og varm opp på høy varme. Knekk og tilsett hele eggene ett om gangen i pannen. Plommen skal fortsatt være rennende, men eggehvitene skal være faste.

Knekk eggeplommene med en slikkepott. Vend egget og stek på den andre siden til det er gjennomstekt. Fjern eggene fra varmen. Anrett de ristede smørbrødskivene på 4 separate tallerkener. Guddommelig spinat blant de tynne.

Topp hver tynn med to tomatskiver, et kokt egg og 1 ss. av fetaost. Dryss lett med salt og pepper for smak. Plasser de resterende tynne sandwich-halvdelene på toppen, og de er klare til servering.

**Næring (per 100g):** 241 kalorier 12,2 g fett 60,2 g karbohydrater 21 g protein 855 mg natrium

## Morgen couscous

**Forberedelsestid: 10 minutter**

**Matlagingstid**: 8 minutter

**Porsjoner: 4**

**Vanskelighetsgrad: middels**

### Ingredienser:

- 3 c. lettmelk
- 1 c. hel couscous, rå
- 1 kanelstang
- ½ aprikos hakket, tørket
- ¼ c. rips, tørket
- 6 ts. brunt sukker
- ¼ ts. salt
- 4 ts. smeltet smør

**Indikasjoner:**

Ta en stor kjele og bland melk og kanelstang og varm opp på middels varme. Varm opp i 3 minutter eller til det dannes mikrobobler rundt kantene på pannen. Ikke kok. Ta av varmen, rør inn couscous, aprikoser, rips, salt og 4 ts. Brunt sukker. Dekk til blandingen og la den hvile i 15 minutter. Fjern og kast kanelstangen. Del couscousen mellom 4 boller og dekk hver med 1 ts. smeltet smør og ½ ts. Brunt sukker. Klar til servering.

**Næring (per 100g):** 306 kalorier 6g fett 5g karbohydrater 9g protein 944mg natrium

## Avokado og eple smoothie

**Forberedelsestid: 5 minutter**

**Matlagingstid**: 0 minutter

**Porsjoner: 2**

**Vanskelighetsgrad: lett**

### Ingredienser:

- 3 c. spinat
- 1 kjernehuset grønt eple, hakket
- 1 avokado med hull, skrelt og hakket
- 3 ss. chiafrø
- 1 teskje. honning
- 1 frossen banan, skrelt
- 2 c. kokosnøttmelk

### Indikasjoner:

Bruk blenderen og tilsett alle ingrediensene. Bland godt i 5 minutter for å få en jevn tekstur og server i glass.

**Næring (per 100g):** 208 kalorier 10,1 g fett 6 g karbohydrater 7 g protein 924 mg natrium

# Mini omelett

**Forberedelsestid: 10 minutter**

**Matlagingstid**: 20 minutter

**Porsjoner: 8**

**Vanskelighetsgrad: lett**

## Ingredienser:

- 1 hakket gul løk
- 1 c. Revet parmesanost
- 1 hakket gul paprika
- 1 hakket rød paprika
- 1 hakket squash
- Salt og sort pepper
- Et skvett olivenolje
- 8 sammenpiskede egg
- 2 ss. hakket gressløk

## Indikasjoner:

Sett en panne over middels høy varme. Tilsett olje for å varme. Bland inn alle ingrediensene unntatt gressløk og egg. Stek i ca 5 minutter.

Legg eggene på en muffinsform og pynt med gressløken. Sett ovnen til 350 F / 176 C. Sett muffinsformen i ovnen for å steke i ca. 10 minutter. Server eggene på en tallerken med de sauterte grønnsakene.

**Næring (per 100g):**55 kalorier 3 g fett 0,7 g karbohydrater 9 g protein 844 mg natrium

## Soltørket tomat havregryn

**Forberedelsestid: 10 minutter**

**Matlagingstid**: 25 minutter

**Porsjoner: 4**

**Vanskelighetsgrad: lett**

**Ingredienser:**

- 3 c. foss
- 1 c. mandel-melk
- 1 spiseskje. oliven olje
- 1 c. stålkuttet havre
- ¼ c. tomater i terninger, tørket i solen
- En klype chiliflak

**Indikasjoner:**

Bruk en kjele og tilsett vann og melk for å kombinere. Sett på middels varme og la det koke. Sett en annen panne på middels høy varme. Varm opp oljen og tilsett havren for å koke i 2 minutter. Overfør til den første pannen pluss tomatene og rør deretter. La det småkoke i ca 20 minutter. Legg i serveringsboller og pynt med røde pepperflak. Nyt.

**Næring (per 100g):** 170 kalorier 17,8 g fett 1,5 g karbohydrater 10 g protein 645 mg natrium

## Egg på avokado

**Forberedelsestid: 5 minutter**

**Matlagingstid**: 15 minutter

**Porsjoner: 6**

**Vanskelighetsgrad: lett**

### Ingredienser:

- 1 teskje. Hvitløkspulver
- ½ ts. havsalt
- ¼ c. revet parmesanost
- ¼ ts. svart pepper
- 3 utstenede avokadoer, halvert
- 6 egg

### Indikasjoner:

Forbered muffinskopper og klargjør ovnen for 350 F / 176 C. Del avokadoen. For å være sikker på at egget passer inn i avokadohulen, skrap lett 1/3 av kjøttet.

Legg avokadoen på en muffinsform for å være sikker på at den vender opp. Krydre hver avokado jevnt med pepper, salt og hvitløkspulver. Tilsett et egg i hvert avokadohulrom og topp toppene med ost. Sett i ovnen til eggehviten er stivnet, ca 15 minutter. Server og nyt.

**Næring (per 100g):** 252 kalorier 20 g fett 2 g karbohydrater 5 g protein 946 mg natrium

## Brekky Egg- Potethasj

**Forberedelsestid: 10 minutter**

**Matlagingstid**: 25 minutter

**Porsjoner: 2**

**Vanskelighetsgrad: lett**

### Ingredienser:

- 1 squash, i terninger
- ½ c. Kylling buljong
- ½ lb eller 220 g kokt kylling
- 1 spiseskje. oliven olje
- 4 oz. eller 113 g reker
- Salt og sort pepper
- 1 søtpotet i terninger
- 2 egg
- ¼ ts. kajennepepper
- 2 ts. Hvitløkspulver
- 1 c. fersk spinat

### Indikasjoner:

Tilsett olivenolje i en panne. Stek reker, kokt kylling og søtpotet i 2 minutter. Tilsett cayennepepper, hvitløkspulver og rør i 4 minutter. Tilsett squashene og rør i ytterligere 3 minutter.

Pisk eggene i en bolle og tilsett dem i pannen. Smak til med salt og pepper. Dekk til med lokket. Kok i 1 minutt til og rør inn kyllingkraften.

Dekk til og kok i ytterligere 8 minutter over høy varme. Tilsett spinaten, rør i ytterligere 2 minutter og server.

**Næring (per 100g):**198 kalorier 0,7 g fett 7 g karbohydrater 10 g protein 725 mg natrium

## Tomat og basilikumsuppe

**Forberedelsestid: 10 minutter**

**Matlagingstid**: 25 minutter

**Porsjoner: 2**

**Vanskelighetsgrad: middels**

**Ingredienser:**

- 2 ss. grønnsaksbuljong
- 1 finhakket hvitløksfedd
- ½ c. hvit løk
- 1 stilk selleri hakket
- 1 hakket gulrot
- 3 c. tomater, hakket
- Salt og pepper
- 2 laurbærblader
- 1 ½ c. usøtet mandelmelk
- 1/3 c. basilikumblader

**Indikasjoner:**

Kok opp grønnsakskraften i en stor kjele på middels varme. Tilsett hvitløk og løk og stek i 4 minutter. Tilsett gulrøtter og selleri. Kok i 1 minutt til.

Ha tomatene og kok opp. Kok i 15 minutter. Tilsett mandelmelk, basilikum og laurbærblad. Krydre den og server.

**Næring (per 100g):** 213 kalorier 3,9 g fett 9 g karbohydrater 11 g protein 817 mg natrium

## Gresskar Hummus

**Forberedelsestid: 10 minutter**

**Matlagingstid**: 15 minutter

**Porsjoner: 4**

**Vanskelighetsgrad: lett**

### Ingredienser:

- 2 lbs eller 900 g butternut squash uten frø, skrelt
- 1 spiseskje. oliven olje
- ¼ c. tahini
- 2 ss. sitronsaft
- 2 hakkede hvitløksfedd
- Salt og pepper

### Indikasjoner:

Varm ovnen til 300 F/148 C. Dekk squash med olivenolje. Legg i et stekebrett for å steke i ovnen i 15 minutter. Når gresskaret er kokt, blander du det inn i en foodprosessor sammen med resten av ingrediensene.

Bland til jevn. Server med gulrøtter og stangselleri. For videre bruk av stedet i individuelle beholdere, fest en etikett og oppbevar i kjøleskapet. La den varmes opp til romtemperatur før den varmes opp i mikrobølgeovnen.

**Næring (per 100g):** 115 kalorier 5,8 g fett 6,7 g karbohydrater 10 g protein 946 mg natrium

## Skinke muffins

**Forberedelsestid: 10 minutter**

**Matlagingstid**: 15 minutter

**Porsjoner: 6**

**Vanskelighetsgrad: middels**

**Ingredienser:**

- 9 skiver skinke
- 1/3 c. hakket spinat
- ¼ c. smuldret fetaost
- ½ c. hakket stekt rød paprika
- Salt og sort pepper
- 1 og en halv ss. basilikumpesto
- 5 piskede egg

**Indikasjoner:**

Smør en muffinsform. Bruk 1 1/2 skiver skinke til å kle hver av muffinskoppene. Med unntak av sort pepper, salt, pesto og egg, del resten av ingrediensene i skinkekoppene. Bruk en bolle og pisk sammen pepper, salt, pesto og egg. Hell over pepperblandingen. Sett ovnen til 400 F / 204 C og stek i ca 15 minutter. Server umiddelbart.

**Næring (per 100g):**109 kalorier 6,7 g fett 1,8 g karbohydrater 9 g protein 386 mg natrium

## Speltsalat

**Forberedelsestid: 10 minutter**

**Matlagingstid**: 0 minutter

**Porsjoner: 2**

**Vanskelighetsgrad: lett**

### Ingredienser:

- 1 spiseskje. oliven olje
- Salt og sort pepper
- 1 haug babyspinat, hakket
- 1 avokado med hull, skrelt og hakket
- 1 finhakket hvitløksfedd
- 2 c. kokt spelt
- ½ c. cherrytomater, i terninger

### Indikasjoner:

Juster flammen til middels temperatur. Ha oljen i en panne og varm opp. Tilsett resten av ingrediensene. Kok blandingen i ca 5 minutter. Ha i serveringsfat og nyt.

**Næring (per 100g):** 157 kalorier 13,7 g fett 5,5 g karbohydrater 6 g protein 615 mg natrium

## Blåbær og dadler

**Forberedelsestid: 10 minutter**

**Matlagingstid**: 20 minutter

**Porsjoner: 10**

**Vanskelighetsgrad: lett**

**Ingredienser:**

- 12 dadler med hull, hakket
- 1 teskje. vaniljeekstrakt
- ¼ c. honning
- ½ c. havregryn
- ¾ c. tørkede tranebær
- ¼ c. mandel avokadoolje smeltet
- 1 c. hakkede valnøtter, ristet
- ¼ c. gresskarfrø

**Indikasjoner:**

Bruk en bolle og bland alle ingrediensene for å kombinere.

Kle en stekeplate med bakepapir. Trykk på blandingen på oppsettet. Sett i fryseren i ca 30 minutter. Skjær i 10 firkanter og nyt.

**Næring (per 100g):** 263 kalorier 13,4 g fett 14,3 g karbohydrater 7 g protein 845 mg natrium

## Linse- og cheddaromelett

**Forberedelsestid: 5 minutter**

**Matlagingstid**: 17 minutter

**Porsjoner: 4**

**Vanskelighetsgrad: lett**

**Ingredienser:**

- 1 hakket rødløk
- 2 ss. oliven olje
- 1 c. kokte søtpoteter, hakket
- ¾ c. hakket skinke
- 4 piskede egg
- ¾ c. kokte linser
- 2 ss. gresk yogurt
- Salt og sort pepper
- ½ c. halverte cherrytomater,
- ¾ c. revet cheddarost

**Indikasjoner:**

Juster varmen til middels og plasser en panne. Tilsett olje for å varme. Rør inn løken og la den brunes i ca 2 minutter. Med unntak av ost og egg, tilsett de andre ingrediensene og kok i ytterligere 3 minutter. Tilsett egg, pynt med ost. Kok i ytterligere 10 minutter tildekket.

Skjær omeletten i skiver, ha den i bollene og nyt den.

**Næring (per 100g):** 274 kalorier 17,3 g fett 3,5 g karbohydrater 6 g protein 843 mg natrium

# Tunfisksmørbrød

**Forberedelsestid: 5 minutter**

**Matlagingstid**: Fem minutter

**Porsjoner: 2**

**Vanskelighetsgrad: lett**

## Ingredienser:

- 6 oz. eller 170 g hermetisk tunfisk, avrent og flak
- 1 avokado, skrellet og moset
- 4 skiver grovt brød
- En klype salt og sort pepper
- 1 spiseskje. smuldret fetaost
- 1 c. liten spinat

## Indikasjoner:

Bruk en bolle og bland pepper, salt, tunfisk og ost for å kombinere. På brødskivene, påfør en krem av avokadopuré.

På samme måte deler du tunfisk-spinatblandingen mellom 2 av skivene. Topp med de resterende 2 skivene. Tjene.

**Næring (per 100g):** 283 kalorier 11,2 g fett 3,4 g karbohydrater 8 g protein 754 mg natrium

# Speltsalat

**Forberedelsestid: 15 minutter**

**Matlagingstid**: 30 minutter

**Porsjoner: 4**

**Vanskelighetsgrad: middels**

**Ingredienser:**

- salat
- 2 1/2 kopper grønnsaksbuljong
- ¾ kopp smuldret fetaost
- 1 boks kikerter, avrent
- 1 agurk, hakket
- 1 1/2 kopper perlespelt
- 1 spiseskje olivenolje
- ½ løk i skiver
- 2 kopper babyspinat, hakket
- 1 liter cherrytomater
- 1 ¼ kopper vann
- Krydder:
- 2 ss sitronsaft
- 1 spiseskje honning
- ¼ kopp olivenolje
- ¼ teskje oregano
- 1 klype chiliflak
- ¼ teskje salt

- 1 ss rødvinseddik

**Indikasjoner:**

Varm oljen i en panne. Tilsett spelt og kok i ett minutt. Pass på at du rører det jevnlig mens du lager mat. Tilsett vann og buljong, og kok opp. Reduser varmen og la det småkoke til farroen er mør, ca 30 minutter. Hell av vannet og ha spelten over i en bolle.

Tilsett spinaten og bland. La avkjøle i ca 20 minutter. Tilsett agurk, løk, tomater, paprika, kikerter og fetaost. Bland godt for å få en god blanding. Ta et skritt tilbake og klargjør dressingen.

Bland alle ingrediensene til dressingen og bland godt til en jevn masse. Hell det i bollen og bland godt. Krydre godt etter smak.

**Næring (per 100g):** 365 kalorier 10 g fett 43 g karbohydrater 13 g protein 845 mg natrium

# Kikert- og squashsalat

**Forberedelsestid: 10 minutter**

**Matlagingstid**: 0 minutter

**Porsjoner: 3**

**Vanskelighetsgrad: lett**

**Ingredienser:**

- ¼ kopp balsamicoeddik
- 1/3 kopp hakkede basilikumblader
- 1 ss kapers, avrent og hakket
- ½ kopp smuldret fetaost
- 1 boks kikerter, avrent
- 1 finhakket hvitløksfedd
- ½ kopp Kalamata oliven, hakket
- 1/3 kopp olivenolje
- ½ kopp søt løk, finhakket
- ½ ts oregano
- 1 klype rød pepperflak, knust
- ¾ kopp rød paprika, hakket
- 1 ss hakket rosmarin
- 2 kopper zucchini, i terninger
- Salt og pepper etter smak

**Indikasjoner:**

Bland grønnsakene i en bolle og dekk godt.

Server ved romtemperatur. Men for best resultat, avkjøl bollen i noen timer før servering, slik at smakene smelter sammen.

**Næring (per 100g):** 258 kalorier 12 g fett 19 g karbohydrater 5,6 g protein 686 mg natrium

# Provençalsk artisjokksalat

**Forberedelsestid: 15 minutter**

**Matlagingstid**: Fem minutter

**Porsjoner: 3**

**Vanskelighetsgrad: lett**

## Ingredienser:

- 250 g artisjokkhjerter
- 1 ts hakket basilikum
- 2 fedd hvitløk, finhakket
- 1 sitronskall
- 1 ss oliven, hakket
- 1 spiseskje olivenolje
- ½ hakket løk
- 1 klype, ½ ts salt
- 2 tomater, hakket
- 3 ss vann
- ½ glass hvitvin
- Salt og pepper etter smak

## Indikasjoner:

Varm oljen i en panne. Fres løk og hvitløk. Stek til løken er gjennomsiktig og smak til med en klype salt. Hell i hvitvinen og la det småkoke til vinen har redusert til det halve.

Tilsett tomatkjøttet, artisjokkhjerter og vann. La småkoke og tilsett sitronskall og ca 1/2 ts salt. Dekk til og stek i ca 6 minutter.

Tilsett oliven og basilikum. Krydre godt og nyt!

**Næring (per 100g):** 147 kalorier 13g fett 18g karbohydrater 4g protein 689mg natrium

# Bulgarsk salat

**Forberedelsestid: 10 minutter**

**Matlagingstid**: 20 minutter

**Porsjoner: 2**

**Vanskelighetsgrad: middels**

**Ingredienser:**

- 2 kopper bulgur
- 1 ss smør
- 1 agurk, kuttet i biter
- ¼ kopp dill
- ¼ kopp svarte oliven, halvert
- 1 ss, 2 ts olivenolje
- 4 kopper vann
- 2 ts rødvinseddik
- salt, akkurat nok

**Indikasjoner:**

Rist bulguren på en blanding av smør og olivenolje i en kjele. Kok til bulguren er gyllenbrun og begynner å brytes ned.

Tilsett vannet og juster saltet. Pakk alt sammen og la det småkoke i ca 20 minutter eller til bulguren er mør.

I en bolle blander du agurkbitene med olivenolje, dill, rødvinseddik og sorte oliven. Bland alt godt.

Kombiner agurk og bulgur.

**Næring (per 100g):** 386 kalorier 14 g fett 55 g karbohydrater 9 g protein 545 mg natrium

# Skål med falafelsalat

**Forberedelsestid: 15 minutter**

**Matlagingstid**: Fem minutter

**Porsjoner: 2**

**Vanskelighetsgrad: lett**

## Ingredienser:

- 1 ss krydret hvitløksaus
- 1 ss dill hvitløksaus
- 1 pakke vegetarisk falafel
- 1 boks humus
- 2 ss sitronsaft
- 1 ss pitted kalamata oliven
- 1 ss ekstra virgin olivenolje
- ¼ kopp løk, i terninger
- 2 kopper hakket persille
- 2 kopper sprø pitabrød
- 1 klype salt
- 1 ss tahinisaus
- ½ kopp tomat i terninger

**Indikasjoner:**

Kok de tilberedte falaflene. Sett den til side. Forbered salaten. Bland persille, løk, tomat, sitronsaft, olivenolje og salt. Kast alt og legg alt til side. Ha alt over i serveringsskåler. Tilsett persillen og dekk med humus og falafel. Dryss bollen med tahinisaus, chili-hvitløksaus og dilldressing. Tilsett sitronsaft ved servering og bland salaten godt. Server med pitabrød ved siden av.

**Næring (per 100g):** 561 kalorier 11 g fett 60,1 g karbohydrater 18,5 g protein 944 mg natrium

## Enkel gresk salat

**Forberedelsestid: 15 minutter**

**Matlagingstid**: 0 minutter

**Porsjoner: 2**

**Vanskelighetsgrad: lett**

### Ingredienser:

- 120 g gresk feta i terninger
- 5 agurker, kuttet på langs
- 1 ts honning
- 1 sitron, tygget og revet
- 1 kopp kalamata-oliven, uthulet og halvert
- ¼ kopp ekstra virgin olivenolje
- 1 løk, i skiver
- 1 ts oregano
- 1 klype fersk oregano (til pynt)
- 12 tomater, kuttet i kvarte
- ¼ kopp rødvinseddik
- Salt og pepper etter smak

### Indikasjoner:

Bløtlegg løken i saltet vann i en bolle i 15 minutter. I en stor bolle kombinerer du honning, sitronsaft, sitronskall, oregano, salt og pepper. Bland alt sammen. Tilsett gradvis olivenoljen, visp etter hvert, til oljen emulgerer. Tilsett oliven og tomater. Sett det rett. Tilsett agurkene

Tøm løkene dynket i saltet vann og tilsett dem i salatblandingen. Topp salaten med fersk oregano og fetaost. Smør med olivenolje og smak til med pepper.

**Næring (per 100g):** 292 kalorier 17 g fett 12 g karbohydrater 6 g protein 743 mg natrium

# Rucolasalat med fiken og valnøtter

**Forberedelsestid: 15 minutter**

**Matlagingstid**: 10 minutter

**Porsjoner: 2**

**Vanskelighetsgrad: lett**

## Ingredienser:

- 150 g rakett
- 1 gulrot, skrapt
- 1/8 ts kajennepepper
- 3 gram geitost, smuldret
- 1 boks usaltede kikerter, avrent
- ½ kopp tørkede fiken, kuttet i terninger
- 1 ts honning
- 3 ss olivenolje
- 2 ts balsamicoeddik
- ½ valnøtter delt i to
- salt, akkurat nok

**Indikasjoner:**

Forvarm ovnen til 175 grader. I en stekepanne kombinerer du valnøttene, 1 ss olivenolje, cayennepepper og 1/8 ts av saltet. Sett pannen over i ovnen og stek til nøttene er brune. Sett den til side når du er ferdig.

Kombiner honning, balsamicoeddik, 2 ss olje og ¾ ts salt i en bolle.

I en stor bolle kombinerer du rucola, gulrot og fiken. Tilsett valnøttene og geitosten og ringle over honningbalsamicovinaigretten. Pass på at du dekker alt.

**Næring (per 100g):** 403 kalorier 9 g fett 35 g karbohydrater 13 g protein 844 mg natrium

# Blomkålsalat med Tahini Vinaigrette

**Forberedelsestid: 15 minutter**

**Matlagingstid**: Fem minutter

**Porsjoner: 2**

**Vanskelighetsgrad: middels**

**Ingredienser:**

- 1 1/2 pund blomkål
- ¼ kopp tørkede kirsebær
- 3 ss sitronsaft
- 1 ss frisk mynte, hakket
- 1 ts olivenolje
- ½ kopp hakket persille
- 3 ss saltede ristede pistasjnøtter, hakket
- ½ ts salt
- ¼ kopp sjalottløk, finhakket
- 2 ss tahini

**Indikasjoner:**

Riv blomkålen i en mikrobølgeovnsikker beholder. Tilsett olivenolje og ¼ salt. Sørg for å dekke til og krydre blomkålen jevnt. Pakk bollen inn i matfilm og varm den i mikrobølgeovnen i ca 3 minutter.

Ha risen med blomkålen på et bakepapir og la det avkjøles i ca 10 minutter. Tilsett sitronsaft og sjalottløk. La stå slik at blomkålen trekker til seg smaken.

Tilsett tahiniblandingen, kirsebær, persille, mynte og salt. Bland alt godt. Dryss over ristede pistasjnøtter før servering.

**Næring (per 100g):** 165 kalorier 10 g fett 20 g karbohydrater 6 g protein 651 mg natrium

# Middelhavspotetsalat

**Forberedelsestid: 15 minutter**

**Matlagingstid**: 10 minutter

**Porsjoner: 2**

**Vanskelighetsgrad: lett**

**Ingredienser:**

- 1 haug med basilikumblader, strimlet
- 1 fedd hvitløk, knust
- 1 spiseskje olivenolje
- 1 løk, i skiver
- 1 ts oregano
- 100 g stekt rød paprika. Skiver
- 300 g poteter, delt i to
- 1 boks cherrytomater
- Salt og pepper etter smak

**Indikasjoner:**

Fres løken i en kjele. Tilsett oregano og hvitløk. Kok alt i ett minutt. Tilsett pepper og tomater. Krydre godt, deretter småkoke i ca 10 minutter. Sett den til side.

I en kjele koker du potetene i rikelig med saltet vann. Stek til de er møre, ca 15 minutter. Tøm godt. Bland potetene med sausen og tilsett basilikum og oliven. Kast til slutt alt før servering.

**Næring (per 100g):** 111 kalorier 9 g fett 16 g karbohydrater 3 g protein 745 mg natrium

## Quinoa og pistasjsalat

**Forberedelsestid: 10 minutter**

**Matlagingstid**: 15 minutter

**Porsjoner: 2**

**Vanskelighetsgrad: lett**

**Ingredienser:**

- ¼ teskje spisskummen
- ½ kopp tørkede rips
- 1 ts revet sitronskall
- 2 ss sitronsaft
- ½ kopp grønn løk, hakket
- 1 ss hakket mynte
- 2 ss ekstra virgin olivenolje
- ¼ kopp hakket persille
- ¼ ts malt pepper
- 1/3 kopp pistasjnøtter, hakket
- 1 ¼ kopper rå quinoa
- 1 2/3 kopp vann

**Indikasjoner:**

Kombiner 1 2/3 kopper vann, rosiner og quinoa i en kjele. Kok alt til det koker og senk deretter varmen. Kok alt i ca 10 minutter og la quinoaen bli skummende. Sett den til side i ca 5 minutter. Overfør quinoablandingen over i en beholder. Tilsett valnøtter, mynte, løk og persille. Bland alt sammen. I en separat bolle, rør inn sitronskall, sitronsaft, rips, spisskummen og olje. Slå dem sammen. Bland de tørre og våte ingrediensene.

**Næring (per 100g):** 248 kalorier 8 g fett 35 g karbohydrater 7 g protein 914 mg natrium

# Agurk kyllingsalat med krydret peanøttdressing

**Forberedelsestid: 15 minutter**

**Matlagingstid**: 0 minutter

**Porsjoner: 2**

**Vanskelighetsgrad: middels**

## Ingredienser:

- 1/2 kopp peanøttsmør
- 1 ss sambal oelek (chilipasta)
- 1 ss lavnatrium soyasaus
- 1 ts grillet sesamolje
- 4 ss vann, eller mer om nødvendig
- 1 agurk skrelt og kuttet i tynne strimler
- 1 kokt kyllingfilet, revet i tynne strimler
- 2 ss malte peanøtter

## Indikasjoner:

Bland peanøttsmør, soyasaus, sesamolje, sambal oelek og vann i en bolle. Legg agurkskivene på en tallerken. Pynt med revet kylling og dryss over saus. Dryss over hakkede peanøtter.

**Næring (per 100g):** 720 kalorier 54 g fett 8,9 g karbohydrater 45,9 g protein 733 mg natrium

## Paella av grønnsaker

**Forberedelsestid: 25 minutter**

**Matlagingstid**: 45 minutter

**Porsjoner: 6**

**Vanskelighetsgrad: middels**

### Ingredienser:

- ¼ kopp olivenolje
- 1 stor søt løk
- 1 stor rød paprika
- 1 stor grønn paprika
- 3 fedd hvitløk, finhakket
- 1 ts røkt paprika
- 5 safran tråder
- 1 zucchini, kuttet i ½-tommers terninger
- 4 store modne tomater, skrellet, fjernet frø og hakket
- 1 1/2 kopper kortkornet spansk ris
- 3 kopper grønnsaksbuljong, oppvarmet

### Indikasjoner:

Forvarm ovnen til 350 ° F. Stek olivenoljen over middels varme. Rør inn løk, rød og grønn paprika og stek i 10 minutter.

Bland inn hvitløk, paprika, safran, squash og tomater. Skru ned varmen til middels lav og stek i 10 minutter.

Bland inn risen og grønnsaksbuljongen. Øk varmen for å få paellaen til å koke opp. Sett varmen til middels lav og stek i 15 minutter. Pakk formen inn i aluminiumsfolie og sett den i ovnen.

Kok i 10 minutter eller til buljongen er absorbert.

**Næring (per 100g):** 288 kalorier 10g fett 46g karbohydrater 3g protein 671mg natrium

# Aubergine og risgryte

**Forberedelsestid: 30 minutter**

**Matlagingstid**: 35 minutter

**Porsjoner: 4**

**Vanskelighetsgrad: vanskelig**

**Ingredienser:**

- <u>Til sausen</u>
- ½ kopp olivenolje
- 1 liten løk, hakket
- 4 fedd hvitløk, knust
- 6 modne tomater, skrelt og hakket
- 2 ss tomatpuré
- 1 ts tørket oregano
- ¼ ts malt muskatnøtt
- ¼ ts malt spisskummen
- <u>Til gryten</u>
- 4 6-tommers japanske auberginer, halvert på langs
- 2 ss olivenolje
- 1 kopp kokt ris
- 2 ss pinjekjerner, ristet
- 1 kopp vann

**Indikasjoner:**

For å lage sausen

Kok olivenoljen i en tykkbunnet kjele på middels varme. Ha løken og stek i 5 minutter. Rør inn hvitløk, tomater, tomatpuré, oregano, muskat og spisskummen. Kok opp og senk deretter varmen til lav og la det småkoke i 10 minutter. Fjern og sett til side.

For å lage gryten

Forvarm grillen. Mens sausen putrer, drypp auberginene med olivenolje og legg dem på en bakeplate. Stek i ca 5 minutter til den er gyldenbrun. Fjern og la avkjøles. Slå ovnen til 375 ° F. Ordne den avkjølte auberginen, med kuttesiden opp, i en 9x13-tommers bakebolle. Øs forsiktig opp litt av kjøttet for å gi plass til fyllet.

Bland halvparten av tomatsausen, den kokte risen og pinjekjernene i en bolle. Fyll hver auberginehalvdel med risblandingen. I samme bolle kombinerer du den resterende tomatsausen og vannet. Hell over auberginene. Kok, dekket, i 20 minutter til auberginene er myke.

**Næring (per 100g):** 453 kalorier 39 g fett 29 g karbohydrater 7 g protein 820 mg natrium

## couscous med grønnsaker

**Forberedelsestid: 15 minutter**

**Matlagingstid**: 45 minutter

**Porsjoner: 8**

**Vanskelighetsgrad: vanskelig**

**Ingredienser:**

- ¼ kopp olivenolje
- 1 løk, hakket
- 4 fedd hvitløk, finhakket
- 2 jalapeñopepper, gjennomhullet med en gaffel flere steder
- ½ ts malt spisskummen
- ½ ts malt koriander
- 1 (28 oz) boks knuste tomater
- 2 ss tomatpuré
- 1/8 ts salt
- 2 laurbærblad
- 11 kopper vann, delt
- 4 gulrøtter
- 2 zucchini, kuttet i 2-tommers biter
- 1 eikenøttsquash, halvert, frøsådd og kuttet i 1-tommers tykke skiver
- 1 (15 oz) boks kikerter, drenert og skylt
- ¼ kopp hakkede konserverte sitroner (valgfritt)

- 3 kopper couscous

**Indikasjoner:**

Kok olivenoljen i en tykkbunnet kjele. Ha i løken og stek i 4 minutter. Rør inn hvitløk, jalapeños, spisskummen og koriander. Kok i 1 minutt. Tilsett tomater, tomatpuré, salt, laurbærblader og 8 kopper vann. Gi blandingen et oppkok.

Tilsett gulrøtter, zucchini og eikenøttsquash og kok opp igjen. Senk varmen litt, dekk til og kok i ca 20 minutter til grønnsakene er møre, men ikke grøtaktige. Ta 2 kopper av kokevæsken og sett til side. Krydre etter behov.

Tilsett kikertene og konserverte sitroner (hvis du bruker). Kok i noen minutter og slå av varmen.

I en middels stekepanne bringer du de resterende 3 koppene vann til å koke over høy varme. Ha i couscousen, dekk til og slå av varmen. La couscousen hvile i 10 minutter. Drypp med 1 kopp av den reserverte kokevæsken. Puff ut couscousen med en gaffel.

Legg den på et stort serveringsfat. Fukt den med den resterende kokevæsken. Ta grønnsakene ut av gryten og legg dem på toppen. Server den resterende lapskausen i en egen bolle.

**Næring (per 100g):** 415 kalorier 7 g fett 75 g karbohydrater 9 g protein 718 mg natrium

# Kushari

**Forberedelsestid: 25 minutter**

**Matlagingstid**: 1 time og 20 minutter

**Porsjoner: 8**

**Vanskelighetsgrad: vanskelig**

**Ingredienser:**

- Til sausen
- 2 ss olivenolje
- 2 fedd hvitløk, finhakket
- 1 (16 oz) boks tomatsaus
- ¼ kopp hvit eddik
- ¼ kopp harissa, eller kjøpt i butikken
- 1/8 ts salt
- For risen
- 1 kopp olivenolje
- 2 løk, kuttet i tynne skiver
- 2 kopper tørkede brune linser
- 4 liter pluss 1/2 kopp vann, delt
- 2 kopper kortkornet ris
- 1 teskje salt
- 1 lb. pasta med kort albue
- 1 (15 oz) boks kikerter, drenert og skylt

**Indikasjoner:**

For å lage sausen

Kok olivenoljen i en kjele. Fres hvitløken. Rør inn tomatsaus, eddik, harissa og salt. Kok opp sausen. Senk varmen og la det småkoke i 20 minutter eller til sausen tykner. Fjern og sett til side.

For å lage ris

Forbered retten med absorberende papir og sett til side. Varm opp olivenolje i en stor panne over middels varme. Fres løken, rør ofte, til den er sprø og gyldenbrun. Overfør løken til den tilberedte retten og sett til side. Reserver 2 ss matolje. Reserver pannen.

Over høy varme, bland linsene og 4 kopper vann i en kjele. La det koke og koke i 20 minutter. Sil og drypp med de reserverte 2 ss matolje. Å legge til side. Bestill retten.

Sett pannen du brukte til å steke løken på middels høy varme og tilsett risen, 4 1/2 kopper vann og saltet. Kok opp. Sett varmen til lav og stek i 20 minutter. Slå av og sett til side i 10 minutter. Kok opp de resterende 8 koppene saltet vann over høy varme i samme gryte som du brukte til å koke linsene. Tilsett pastaen og kok i 6 minutter eller etter anvisning på pakken. Tøm og sett til side.

Å sette sammen

Hell risen på et serveringsfat. Kompletter den med linser, kikerter og pasta. Drypp over den varme tomatsausen og dryss over den sprøstekte løken.

**Næring (per 100g):** 668 kalorier 13g fett 113g karbohydrater 18g protein 481mg natrium

# Bulgur med tomater og kikerter

**Forberedelsestid: 10 minutter**

**Matlagingstid**: 35 minutter

**Porsjoner: 6**

**Vanskelighetsgrad: middels**

**Ingredienser:**

- ½ kopp olivenolje
- 1 løk, hakket
- 6 tomater, i terninger, eller 1 (16 unse) boks tomater i terninger
- 2 ss tomatpuré
- 2 kopper vann
- 1 ss harissa, eller kjøpt i butikken
- 1/8 ts salt
- 2 kopper grov bulgur
- 1 (15 oz) boks kikerter, drenert og skylt

**Indikasjoner:**

Varm opp olivenolje i en tykkbunnet kjele på middels varme. Stek løken, tilsett deretter tomatene med saften og stek i 5 minutter.

Rør inn tomatpuré, vann, harissa og salt. Kok opp.

Tilsett bulgur og kikerter. Gi blandingen et oppkok igjen. Senk varmen og kok i 15 minutter. La hvile i 15 minutter før servering.

**Næring (per 100g):** 413 kalorier 19 g fett 55 g karbohydrater 14 g protein 728 mg natrium

# Makaroni av makrell

**Forberedelsestid: 10 minutter**

**Matlagingstid**: 15 minutter

**Porsjoner: 4**

**Vanskelighetsgrad: lett**

**Ingredienser:**

- 12 oz makaroni
- 1 fedd hvitløk
- 14 oz tomatsaus
- 1 kvist hakket persille
- 2 ferske chili
- 1 teskje salt
- 200 g makrell i olje
- 3 ss ekstra virgin olivenolje

**Indikasjoner:**

Start med å ha vann i en kjele for å koke opp. Mens vannet varmes opp, ta en panne, hell en klatt olje og litt hvitløk og stek på lav varme. Når hvitløken er stekt, ta den ut av pannen.

Kutt chilipepper, fjern de indre frøene og skjær i tynne strimler.

Tilsett kokevannet og chili i samme panne som før. Ta så makrellen og, etter å ha tømt oljen og skilt den fra med en gaffel, legg den i pannen med de andre ingrediensene. Brun den lett ved å tilsette litt kokevann.

Når alle ingrediensene er godt innarbeidet, tilsett tomatpuréen i pannen. Bland godt for å jevne ut alle ingrediensene og la det småkoke i ca 3 minutter.

La oss gå videre til pastaen:

Når vannet begynner å koke, tilsett saltet og pastaen. Tøm makaroniene når de er litt al dente og legg dem i sausen du har laget.

Stek noen øyeblikk i sausen og etter smak, tilsett salt og pepper etter smak.

**Næring (per 100g):** 510 kalorier 15,4 g fett 70 g karbohydrater 22,9 g protein 730 mg natrium

# Makaroni med kirsebærtomater og ansjos

**Forberedelsestid: 10 minutter**

**Matlagingstid**: 15 minutter

**Porsjoner: 4**

**Vanskelighetsgrad: lett**

**Ingredienser:**

- 14 oz makaroni pasta
- 6 saltede ansjoser
- 4 oz cherrytomater
- 1 fedd hvitløk
- 3 ss ekstra virgin olivenolje
- Fersk chili etter smak
- 3 basilikumblader
- Salt etter smak

**Indikasjoner:**

Start med å varme opp vann i en kjele og tilsett salt når det koker. Tilbered sausen i mellomtiden: ta tomatene etter å ha vasket dem og skjær dem i 4 biter.

Ta nå en non-stick panne, drypp med en klatt olje og sleng i et fedd hvitløk. Når den er kokt, fjern den fra pannen. Tilsett de rensede ansjosene i pannen, oppløs dem i oljen.

Når ansjosen er godt smeltet, tilsett de hakkede tomatene og skru opp varmen til de begynner å bli myke (pass på så de ikke blir for myke).

Tilsett den hakkede chilien uten frø og smak til.

Ha pastaen over i en kjele med kokende vann, tøm den al dente og fres den i pannen i noen øyeblikk.

**Næring (per 100g):** 476 kalorier 11 g fett 81,4 g karbohydrater 12,9 g protein 763 mg natrium

# Risotto med sitron og reker

**Forberedelsestid: 10 minutter**

**Matlagingstid**: 30 minutter

**Porsjoner: 4**

**Vanskelighetsgrad: lett**

**Ingredienser:**

- 1 sitron
- 14 gram skrellede reker
- 1 ¾ kopper risottoris
- 1 hvit løk
- 33 fl. 1 liter grønnsaksbuljong (enda mindre er greit)
- 2 og en halv spiseskje smør
- ½ glass hvitvin
- Salt etter smak
- Svart pepper etter smak
- Gressløk etter smak

**Indikasjoner:**

Start med å koke rekene i saltet vann i 3-4 minutter, hell av og sett til side.

Skrell og finhakk en løk, stek den i smeltet smør og når smøret har tørket rister du risen i en panne i noen minutter.

Deglaser risen med et halvt glass hvitvin, og tilsett deretter saften av 1 sitron. Rør og kok ferdig risen ved å fortsette å tilsette en skje med grønnsaksbuljong etter behov.

Bland godt og noen minutter før kokeslutt tilsett de tidligere kokte rekene (hold litt til side til pynt) og litt sort pepper.

Når brannen er slått av, tilsett en klatt smør og bland. Risottoen er klar til servering. Pynt med de resterende rekene og dryss over gressløk.

**Næring (per 100g):** 510 kalorier 10 g fett 82,4 g karbohydrater 20,6 g protein 875 mg natrium

# Spaghetti med muslinger

**Forberedelsestid: 10 minutter**

**Matlagingstid**: 40 minutter

**Porsjoner: 4**

**Vanskelighetsgrad: lett**

## Ingredienser:

- 11,5 oz spaghetti
- 2 pund muslinger
- 7 gram tomatsaus, eller tomatmasse, for den røde versjonen av denne retten
- 2 fedd hvitløk
- 4 ss ekstra virgin olivenolje
- 1 glass tørr hvitvin
- 1 ss finhakket persille
- 1 chili

## Indikasjoner:

Start med å vaske muslingene: aldri "rens" muslingene - de må bare åpnes med bruk av varme, ellers går deres dyrebare indre væske tapt sammen med eventuell sand. Vask muslingene raskt med et dørslag plassert i en salatskål: dette vil filtrere sanden på skjellene.

Plasser deretter straks de avrente muslingene i en kjele med lokk over høy varme. Snu dem fra tid til annen, og når de er nesten alle åpne, ta dem av varmen. Muslinger som forblir lukket er døde og må kasseres. Fjern bløtdyrene fra de åpne, og la noen være hele til å dekorere rettene. Sil resten av væsken i bunnen av kjelen og sett til side.

Ta en stor stekepanne og hell litt olje i den. Varm opp en hel paprika og ett eller to knuste hvitløksfedd på svært lav varme til feddene blir gulaktige. Tilsett muslingene og smak til med tørr hvitvin.

Tilsett nå den tidligere filtrerte muslingvæsken og litt finhakket persille.

Sil og fres straks spaghettien al dente i pannen, etter å ha kokt dem i rikelig med saltet vann. Bland godt til spaghettien absorberer all væsken fra muslingene. Hvis du ikke brukte chilipepper, komplett med et lett dryss av hvit eller sort pepper.

**Næring (per 100g):** 167 kalorier 8 g fett 8,63 g karbohydrater 5 g protein 720 mg natrium

## gresk fiskesuppe

**Forberedelsestid: 10 minutter**

**Matlagingstid**: 60 minutter

**Porsjoner: 4**

**Vanskelighetsgrad: lett**

**Ingredienser:**

- Hake eller annen hvit fisk
- 4 poteter
- 4 små løk
- 2 gulrøtter
- 2 stilker selleri
- 2 tomater
- 4 ss ekstra virgin olivenolje
- 2 egg
- 1 sitron
- 1 kopp ris
- Salt etter smak

**Indikasjoner:**

Velg en fisk som ikke veier mer enn 2,2 pund, fjern skjell, gjeller og tarmer, og vask den godt. Salt den og sett den til side.

Vask poteter, gulrøtter og løk og legg dem hele i kjelen med nok vann til å myke dem og kok opp.

Tilsett sellerien som fortsatt er bundet i bunter slik at den ikke sprer seg under kokingen, skjær tomatene i fire deler og tilsett disse også, sammen med olje og salt.

Når grønnsakene er nesten ferdigstekt, tilsett mer vann og fisken. Kok i 20 minutter og fjern den deretter fra buljongen sammen med grønnsakene.

Anrett fisken på et serveringsfat som pryder den med grønnsakene og sil buljongen. Sett buljongen tilbake på bålet, fortynn den med litt vann. Når det koker, tilsett risen og smak til med salt. Når risen er kokt, fjern kasserollen fra varmen.

Tilbered avgolemonosausen:

Pisk eggene godt og tilsett sitronsaften sakte. Ha litt buljong i en øse og hell det sakte i eggene, mens du rører hele tiden.

Tilsett til slutt sausen som er oppnådd i suppen og bland godt.

**Næring (per 100g):** 263 kalorier 17,1 g fett 18,6 g karbohydrater 9 g protein 823 mg natrium

## Venus ris med reker

**Forberedelsestid: 10 minutter**

**Matlagingstid**: 55 minutter

**Porsjoner: 3**

**Vanskelighetsgrad: lett**

### Ingredienser:

- 1 ½ kopp Venere svart ris (helst blanchert)
- 5 ts ekstra virgin olivenolje
- 10,5 oz reker
- 10,5 oz zucchini
- 1 sitron (saft og skall)
- Bordsalt etter smak
- Svart pepper etter smak
- 1 fedd hvitløk
- Tabasco etter smak

### Indikasjoner:

La oss starte med risen:

Etter å ha fylt en kjele med rikelig med vann og kokt opp, tilsett risen, tilsett salt og kok i nødvendig tid (sjekk kokeanvisningen på pakken).

I mellomtiden river du squashene med et rivjern med store hull. Varm opp olivenolje med det skrellede hvitløksfedd i en panne, tilsett revet squash, salt og pepper og stek i 5 minutter, fjern hvitløksfeddene og sett grønnsakene til side.

Rens nå rekene:

Fjern skallet, kutt av halen, halver dem på langs og fjern tarmene (den mørke tråden i ryggen). Legg de rensede rekene i en bolle og drypp med olivenolje; gi den litt ekstra smak ved å tilsette sitronskall, salt og pepper og tilsette noen dråper Tabasco om ønskelig.

Varm rekene i en varm panne i et par minutter. Når den er kokt, sett til side.

Når Venere-risen er klar, sil den over i en bolle, tilsett zucchiniblandingen og bland.

**Næring (per 100g):** 293 kalorier 5 g fett 52 g karbohydrater 10 g protein 655 mg natrium

# Pennette Salmon og Vodka

**Forberedelsestid: 10 minutter**

**Matlagingstid**: 18 minutter

**Porsjoner: 4**

**Vanskelighetsgrad: lett**

## Ingredienser:

- Penne Rigate 14 oz
- 7 gram røkt laks
- 1,2 oz sjalottløk
- 1,35 fl. oz (40 ml) vodka
- 150 g cherrytomater
- 200 g flytende fersk fløte (jeg anbefaler den vegetabilske til en lettere rett)
- Gressløk etter smak
- 3 ss ekstra virgin olivenolje
- Salt etter smak
- Svart pepper etter smak
- Basilikum etter smak (til pynt)

## Indikasjoner:

Vask og skjær tomater og gressløk. Etter å ha skrellet sjalottløken, hakk den med en kniv, legg den i en kjele og la den marinere i ekstra virgin olivenolje i noen sekunder.

I mellomtiden skjærer du laksen i strimler og surrer den sammen med oljen og sjalottløken.

Bland alt sammen med vodkaen, vær forsiktig fordi det kan dannes en blus (hvis en flamme skulle stige, ikke bekymre deg, den vil gå ned så snart alkoholen har fordampet helt). Tilsett tomatkjøttet og tilsett en klype salt og, hvis du vil, litt pepper. Til slutt tilsett fløte og hakket gressløk.

Tilbered pastaen mens sausen fortsetter å koke. Når vannet koker, tilsett Pennette og la dem koke al dente.

Sil pastaen, og hell Pennette i sausen, og la dem koke i noen øyeblikk slik at de trekker til seg all smaken. Hvis du vil, pynt med et basilikumblad.

**Næring (per 100g):** 620 kalorier 21,9 g fett 81,7 g karbohydrater 24 g protein 326 mg natrium

# Sjømat carbonara

**Forberedelsestid: 15 minutter**

**Matlagingstid:** 50 minutter

**Porsjoner: 3**

**Vanskelighetsgrad: lett**

**Ingredienser:**

- 11,5 oz spaghetti
- 3,5 oz tunfisk
- 3,5 oz sverdfisk
- 3,5 oz laks
- 6 eggeplommer
- 4 ss parmesanost (Parmigiano Reggiano)
- 2 fl. oz (60 ml) hvitvin
- 1 fedd hvitløk
- Ekstra virgin olivenolje etter smak
- Bordsalt etter smak
- Svart pepper etter smak

**Indikasjoner:**

Tilbered kokende vann i en kjele og tilsett litt salt.

Hell i mellomtiden 6 eggeplommer i en bolle og tilsett revet parmesan, pepper og salt. Pisk med en visp og spe med litt kokevann fra kasserollen.

Fjern beinene fra laksen, skjellene fra sverdfisken og fortsett med å kutte tunfisken, laksen og sverdfisken i terninger.

Når det koker, krydre pastaen og kok den litt al dente.

Varm i mellomtiden en klatt olje i en stor stekepanne, tilsett hele det skrellede hvitløksfedd. Når oljen er varm, tilsett fisketerningene og brun dem over høy varme i ca 1 minutt. Fjern hvitløken og tilsett hvitvinen.

Når alkoholen har fordampet, fjern fisketerningene og senk varmen. Så snart spaghettien er klar, tilsett den i pannen og brun den i omtrent et minutt, rør hele tiden og tilsett kokevannet om nødvendig.

Hell i eggeplommeblandingen og fisketerningene. Bland godt. Tjene.

**Næring (per 100g):** 375 kalorier 17 g fett 41,40 g karbohydrater 14 g protein 755 mg natrium

## Garganelli med Zucchini og Rekepesto

**Forberedelsestid: 10 minutter**

**Matlagingstid**: 30 minutter

**Porsjoner: 4**

**Vanskelighetsgrad: middels**

**Ingredienser:**

- 300 g Garganelli med egg
- For zucchinipestoen:
- 7 gram zucchini
- 1 kopp pinjekjerner
- 8 ss (0,35 oz) basilikum
- 1 ts bordsalt
- 9 skjeer ekstra virgin olivenolje
- 2 ss parmesan å rive
- 1 oz pecorino å rive
- For sauterte reker:
- 8,8 oz reker
- 1 fedd hvitløk
- 7 teskjeer ekstra virgin olivenolje
- Klype salt

**Indikasjoner:**

Start med å lage pestoen:

Etter å ha vasket zucchinien, riv dem, legg dem i et dørslag (slik at de mister litt overflødig væske) og salt dem lett. Ha pinjekjerner, zucchini og basilikumblader i blenderen. Tilsett revet parmesan, pecorino og extra virgin olivenolje.

Bland alt til du får en kremet blanding, tilsett en klype salt og sett til side.

Bytt til rekene:

Trekk først ut tarmen ved å kutte baksiden av reken med en kniv i hele lengden og fjern den svarte tråden inni med tuppen av kniven.

Stek hvitløksfeddene i en non-stick panne med ekstra virgin olivenolje. Når den er gylden, fjern hvitløken og tilsett rekene. Brun dem i ca 5 minutter på middels varme, til du ser en sprø skorpe på utsiden.

Kok deretter opp en kjele med saltet vann og kok garganelli. Sett til side et par spiseskjeer kokevann og tøm pastaen al dente.

Ha Garganelli i pannen der du kokte rekene. Kok sammen i et minutt, tilsett en skje kokevann og tilsett til slutt zucchinipestoen.

Bland alt godt for å kombinere pastaen med sausen.

**Næring (per 100g):** 776 kalorier 46 g fett 68 g karbohydrater 22,5 g protein 835 mg natrium

## Lakseris

**Forberedelsestid: 10 minutter**

**Matlagingstid**: 30 minutter

**Porsjoner: 4**

**Vanskelighetsgrad: middels**

**Ingredienser:**

- 1 kopp (12,3 oz) ris
- 8,8 oz laksesteker
- 1 purre
- Ekstra virgin olivenolje etter smak
- 1 fedd hvitløk
- ½ glass hvitvin
- 3 ½ ss revet Grana Padano
- Salt etter smak
- Svart pepper etter smak
- 17 fl. oz (500 ml) fiskebuljong
- 1 kopp smør

**Indikasjoner:**

Start med å rense laksen og skjær den i små biter. Stek 1 ss olje i en panne med et helt fedd hvitløk og brun laksen i 2/3 minutter, tilsett salt og sett laksen til side, fjern hvitløken.

Begynn nå å forberede risottoen:

Skjær purren i svært små biter og stek på lav varme i en panne med to spiseskjeer olje. Tilsett risen og kok den i noen sekunder på middels høy varme, rør med en tresleiv.

Hell i hvitvinen og fortsett å koke, rør av og til, prøv å ikke la risen feste seg i pannen, og tilsett gradvis buljongen (grønnsak eller fisk).

Halvveis i kokingen tilsetter du laksen, smøret og eventuelt en klype salt. Når risen er godt kokt, fjern fra varmen. Kombiner med et par spiseskjeer revet Grana Padano og server.

**Næring (per 100g):** 521 kalorier 13g fett 82g karbohydrater 19g protein 839mg natrium

# Pasta med cherrytomater og ansjos

**Forberedelsestid: 15 minutter**

**Matlagingstid**: 35 minutter

**Porsjoner: 4**

**Vanskelighetsgrad: lett**

**Ingredienser:**

- 10,5 oz spaghetti
- 1,3 lb cherrytomater
- 9 gram ansjos (forhåndsrenset)
- 2 ss kapers
- 1 fedd hvitløk
- 1 liten rødløk
- Persille etter smak
- Ekstra virgin olivenolje etter smak
- Bordsalt etter smak
- Svart pepper etter smak
- Svarte oliven etter smak

**Indikasjoner:**

Skjær hvitløksfeddene i tynne skiver.

Skjær tomatene i to. Skrell løken og skjær den fint.

Ha en skvett olje i en gryte med hvitløk og skivet løk. Varm alt over middels varme i 5 minutter; rør av og til.

Når alt er godt smaksatt, tilsett cherrytomatene og en klype salt og pepper. Kok i 15 minutter. I mellomtiden setter du en kjele med vann på komfyren og så snart det koker tilsetter du saltet og pastaen.

Når sausen er nesten klar tilsetter du ansjosen og koker i et par minutter. Bland forsiktig.

Slå av varmen, hakk persillen og ha den i pannen.

Når den er kokt, tøm pastaen og tilsett den direkte i sausen. Slå på varmen igjen i noen sekunder.

**Næring (per 100g):** 446 kalorier 10 g fett 66,1 g karbohydrater 22,8 g protein 934 mg natrium

# Orecchiette Brokkoli Og Pølse

**Forberedelsestid: 10 minutter**

**Matlagingstid**: 32 minutter

**Porsjoner: 4**

**Vanskelighetsgrad: middels**

## Ingredienser:

- 11,5 oz orecchiette
- 10.5 Brokkoli
- 10,5 oz pølse
- 1,35 fl. oz (40 ml) hvitvin
- 1 fedd hvitløk
- 2 kvister timian
- 7 teskjeer ekstra virgin olivenolje
- Svart pepper etter smak
- Bordsalt etter smak

## Indikasjoner:

Kok opp kjelen med fullt vann og salt. Fjern brokkolibukettene fra stilken og del dem i to eller 4 deler hvis de er for store; Deretter legger du dem i det kokende vannet, dekk til kjelen og kok i 6-7 minutter.

I mellomtiden finhakker du timian og setter til side. Fjern tarmen fra pølsen og mos den forsiktig med hjelp av en gaffel.

Stek hvitløksfeddene med en klatt olje og tilsett pølsen. Etter noen sekunder tilsetter du timian og litt hvitvin.

Uten å kaste kokevannet, fjern den kokte brokkolien ved hjelp av en hullsleiv og tilsett kjøttet litt om gangen. Kok alt i 3-4 minutter. Fjern hvitløken og tilsett en klype sort pepper.

La vannet du kokte brokkolien i koke opp, tilsett pastaen og la den koke. Når pastaen er kokt, tømmer du den av med en hullsleiv og overfører den direkte til brokkoli- og pølsesausen. Bland deretter godt, tilsett sort pepper og brun alt i en panne i et par minutter.

**Næring (per 100g):** 683 kalorier 36 g fett 69,6 g karbohydrater 20 g protein 733 mg natrium

# Risotto Radicchio og røkt bacon

**Forberedelsestid: 10 minutter**

**Matlagingstid**: 30 minutter

**Porsjoner: 3**

**Vanskelighetsgrad: middels**

**Ingredienser:**

- 1 1/2 kopper ris
- 14 oz Radicchio
- 5,3 oz røkt bacon
- 34 fl. oz (1l) Grønnsaksbuljong
- 3,4 fl. oz (100 ml) rødvin
- 7 teskjeer ekstra virgin olivenolje
- 1,7 oz sjalottløk
- Bordsalt etter smak
- Svart pepper etter smak
- 3 kvister timian

**Indikasjoner:**

La oss starte med forberedelsen av grønnsaksbuljongen.

Start med radicchioen: del den i to og fjern den sentrale delen (den hvite delen). Skjær den i strimler, skyll godt og sett til side. Skjær også det røkte baconet i strimler.

Finhakk sjalottløken og ha den i en panne med en klatt olje. La det småkoke på middels varme, tilsett en øse med buljong, tilsett baconet og brun det.

Etter ca. 2 minutter tilsett risen og rist den, rør ofte. På dette tidspunktet, hell rødvinen over høy varme.

Når all alkoholen har fordampet, fortsett tilberedningen ved å tilsette en øse med buljong om gangen. La den forrige tørke før du legger til en til, til den er helt gjennomstekt. Tilsett salt og sort pepper (avhenger av hvor mye du bestemmer deg for å tilsette).

På slutten av kokingen legger du til radicchio-strimlene. Bland dem godt til de er blandet med risen, men uten å koke dem. Tilsett hakket timian.

**Næring (per 100g):** 482 kalorier 17,5 g fett 68,1 g karbohydrater 13 g protein 725 mg natrium

# Pasta Alla Genovese

**Forberedelsestid: 10 minutter**

**Matlagingstid**: 25 minutter

**Porsjoner: 3**

**Vanskelighetsgrad: middels**

**Ingredienser:**

- 11,5 oz Ziti
- 1 pund biff
- 2,2 pund brun løk
- 2 oz selleri
- 2 oz gulrøtter
- 1 kvist persille
- 3,4 fl. oz (100 ml) hvitvin
- Ekstra virgin olivenolje etter smak
- Bordsalt etter smak
- Svart pepper etter smak
- Parmesan etter smak

**Indikasjoner:**

For å tilberede pastaen start fra:

Skrell og finhakk løk og gulrøtter. Vask deretter og finhakk sellerien (ikke kast bladene, som også må hakkes og legges til side). Gå så videre til kjøttet, fjern overflødig fett og skjær det i 5/6 store biter. Til slutt binder du bladselleri og persillekvisten med hyssing for å lage en duftende bukett.

Fyll rikelig med olje i en stor panne. Tilsett løk, selleri og gulrøtter (som du har satt til side tidligere) og stek i et par minutter.

Tilsett så kjøttstykkene, en klype salt og bouquet garni. Rør og kok i noen minutter. Senk deretter varmen og dekk til med et lokk.

Stek i minst 3 timer (ikke tilsett vann eller buljong, da løken vil slippe ut all væsken som trengs for å forhindre at bunnen av pannen tørker ut). Fra tid til annen, sjekk alt og bland.

Etter 3 timers koking, fjern haugen med aromatiske urter, hev varmen litt, tilsett en del av vinen og bland.

Stek kjøttet uten lokk i ca en time, rør ofte og tilsett vinen når bunnen av pannen har tørket.

Ta på dette tidspunktet et kjøttstykke, skjær det i skiver på et skjærebrett og sett til side. Hakk ziti og kok dem i kokende saltet vann.

Når den er kokt, la den renne av og gå tilbake i pannen. Dryss noen spiseskjeer kokevann og bland. Anrett på et fat og topp med litt av sausen og det smuldrede kjøttet (det du satte til side i trinn 7). Tilsett pepper og revet parmesan etter smak.

**Næring (per 100g):** 450 kalorier 8 g fett 80 g karbohydrater 14,5 g protein 816 mg natrium

# Napolitansk blomkålpasta

**Forberedelsestid: 15 minutter**

**Matlagingstid**: 35 minutter

**Porsjoner: 3**

**Vanskelighetsgrad: middels**

## Ingredienser:

- 10,5 oz pasta
- 1 blomkål
- 3,4 fl. 100 ml tomatpuré
- 1 fedd hvitløk
- 1 chili
- 3 ss ekstra virgin olivenolje (eller teskjeer)
- Salt etter smak
- Pepper etter behov

## Indikasjoner:

Rens blomkålen godt: fjern de ytre bladene og stilken. Skjær den i små blomster.

Skrell hvitløksfeddene, finhakk den og brun den i en kjele med olje og chilipepper.

Tilsett tomatpuréen og blomkålbukettene og la dem brune i noen minutter på moderat varme, dekk deretter til med noen øser med vann og kok i 15-20 minutter eller i det minste til blomkålen begynner å bli kremet.

Hvis du ser at bunnen av pannen er for tørr, tilsett så mye vann som nødvendig slik at blandingen forblir flytende.

På dette tidspunktet, dekk blomkålen med varmt vann, og tilsett pastaen når den har kokt.

Smak til med salt og pepper.

**Næring (per 100g):** 458 kalorier 18 g fett 65 g karbohydrater 9 g protein 746 mg natrium

# Pasta og bønner Appelsin og fennikel

**Forberedelsestid: 10 minutter**

**Matlagingstid**: 30 minutter

**Porsjoner: 5**

**Vanskelighetsgrad: vanskelighetsgrad**

## Ingredienser:

- Ekstra virgin olivenolje - 1 ss. pluss ekstra per porsjon
- Bacon - 2 oz, finhakket
- Løk - 1, finhakket
- Fennikel - 1 pære, stilker kastet, pæren halvert, kjernekledd og finhakket
- Selleri - 1 ribbe, hakket
- Hvitløk - 2 fedd, hakket
- Ansjosfileter - 3, skyllet og hakket
- Hakket fersk oregano - 1 ss.
- Revet appelsinskall - 2 ts.
- Fennikelfrø - ½ ts.
- Rød pepperflak - ¼ ts.
- Tomater i terninger - 1 boks (28 oz)
- Parmesan - 1 skall, pluss mer til servering
- Cannellini bønner - 1 boks (7 oz), skylt
- Kyllingbuljong - 2 1/2 kopper
- Vann - 2 1/2 kopper
- Salt og pepper

- Bygg - 1 kopp
- Hakket fersk persille - ¼ kopp

**Indikasjoner:**

Varm oljen i en nederlandsk ovn over middels varme. Tilsett baconet. Stek i 3-5 minutter eller til de begynner å bli brune. Rør inn selleri, fennikel og løk og rør til det er mykt, ca 5-7 minutter.

Bland inn pepperflak, fennikelfrø, appelsinskall, oregano, ansjos og hvitløk. Kok i 1 minutt. Bland tomatene og saften deres. Bland parmesanskallet og bønnene.

La det småkoke og kok i 10 minutter. Bland vann, buljong og 1 ts. salt. Gi det et oppkok over høy varme. Bland pastaen og kok al dente.

Ta av varmen og kast parmesanskallet.

Rør inn persillen og smak til med salt og pepper. Hell i litt olivenolje og drypp over revet parmesan. Tjene.

**Næring (per 100g):** 502 kalorier 8,8 g fett 72,2 g karbohydrater 34,9 g protein 693 mg natrium

# Sitronspaghetti

**Forberedelsestid: 10 minutter**

**Matlagingstid**: 15 minutter

**Porsjoner: 6**

**Vanskelighetsgrad: lett**

**Ingredienser:**

- Extra virgin olivenolje - ½ kopp
- Revet sitronskall - 2 ts.
- Sitronsaft - 1/3 kopp
- Hvitløk - 1 fedd, hakket til pate
- Salt og pepper
- Parmesan - 2 oz, revet
- Spaghetti - 1 lb
- Hakket fersk basilikum - 6 ss.

**Indikasjoner:**

I en bolle, visp hvitløk, olje, sitronskall, juice, ½ ts. salt og ¼ ts. Pepper. Bland inn parmesanen og bland til den er kremaktig.

I mellomtiden koker du pastaen etter anvisningen på pakken. Hell av og sett til side ½ kopp av kokevannet. Tilsett olje- og basilikumblandingen til pastaen og rør sammen. Krydre godt og tilsett kokevannet etter behov. Tjene.

**Næring (per 100g):** 398 kalorier 20,7 g fett 42,5 g karbohydrater 11,9 g protein 844 mg natrium

# Krydret grønnsaks-cous-cous

**Forberedelsestid: 10 minutter**

**Matlagingstid**: 20 minutter

**Porsjoner: 6**

**Vanskelighetsgrad: vanskelig**

## Ingredienser:

- Blomkål - 1 hode, kuttet i 1-tommers buketter
- Ekstra virgin olivenolje - 6 ss. pluss ekstra per porsjon
- Salt og pepper
- Couscous - 1 1/2 kopper
- Zucchini - 1, kuttet i ½-tommers biter
- Rød paprika - 1, stilket, frøet og kuttet i ½-tommers biter
- Hvitløk - 4 fedd, hakket
- Ras el hanout - 2 ts.
- Revet sitronskall -1 ts. flere sitronbåter å servere
- Kyllingbuljong - 1 3/4 kopper
- Hakket frisk merian - 1 ss.

## Indikasjoner:

Varm opp 2 ss i en panne. olje over middels varme. Tilsett blomkål, ¾ ts. salt og ½ ts. Pepper. Blande. Stek til blomstene blir brune og kantene er akkurat gjennomsiktige.

Ta av lokket og kok under omrøring i 10 minutter eller til bukettene er gyldenbrune. Ha over i en bolle og rengjør pannen. Varm opp 2 ss. olje i pannen.

Tilsett couscousen. Kok og fortsett å røre i 3 til 5 minutter eller til kornene begynner å bli brune. Ha over i en bolle og rengjør pannen. Varm opp de resterende 3 ss. olje i pannen og tilsett paprika, zucchini og 1/2 ts. salt. Kok i 8 minutter.

Bland sitronskall, ras el hanout og hvitløk. Kok til dufter (ca. 30 sekunder). Ha i buljongen og la det småkoke. Bland inn couscousen. Fjern fra varmen og sett til side til den er mør.

Tilsett merian og blomkål; puff deretter forsiktig med en gaffel for å innlemme. Hell over ekstra olje og krydre godt. Server med sitronbåter.

**Næring (per 100g):** 787 kalorier 18,3 g fett 129,6 g karbohydrater 24,5 g protein 699 mg natrium

## Krydret bakt ris med fennikel

**Forberedelsestid: 10 minutter**

**Matlagingstid**: 45 minutter

**Porsjoner: 8**

**Vanskelighetsgrad: middels**

### Ingredienser:

- Søtpoteter - 1 1/2 pund, skrellet og kuttet i 1-tommers biter
- Extra virgin olivenolje - ¼ kopp
- Salt og pepper
- Fennikel - 1 pære, finhakket
- Liten løk - 1, finhakket
- Langkornet hvit ris - 1 1/2 kopper, skylt
- Hvitløk - 4 fedd, hakket
- Ras el hanout - 2 ts.
- Kyllingbuljong - 2 kopper
- Store grønne oliven i saltlake - ¾ kopp, halvert
- Hakket fersk koriander - 2 ss.
- Limekiler

### Indikasjoner:

Sett ovnsristen i midten og forvarm ovnen til 400F. Krydre potetene med ½ ts. salt og 2 ss. olje.

Plasser potetene i et enkelt lag i en bakeplate og stek i 25 til 30 minutter eller til de er møre. Rør inn potetene halvveis i kokingen.

Ta ut potetene og senk ovnstemperaturen til 350F. Varm opp de resterende 2 ss i en nederlandsk ovn. olje over middels varme.

Tilsett løk og fennikel; kok deretter i 5 til 7 minutter eller til den er myk. Tilsett ras el hanout, hvitløk og ris. Stek under omrøring i 3 minutter.

Tilsett oliven og buljong og la hvile i 10 minutter. Tilsett potetene til risen og fyll forsiktig med en gaffel for å blande. Smak til med salt og pepper etter smak. Pynt med koriander og server med limebåter.

**Næring (per 100g):**207 kalorier 8,9 g fett 29,4 g karbohydrater 3,9 g protein 711 mg natrium

# Marokkansk couscous med kikerter

**Forberedelsestid:** 5 minutter

**Matlagingstid:** 18 minutter

**Porsjoner:** 6

**Vanskelighetsgrad:** middels

## Ingredienser:

- Extra virgin olivenolje - ¼ kopp, ekstra for servering
- Couscous - 1 1/2 kopper
- Finskallede og hakkede gulrøtter - 2
- Finhakket løk - 1
- Salt og pepper
- Hvitløk - 3 fedd, hakket
- Malt koriander - 1 ts.
- Malt ingefær - ts.
- Malt anis - ¼ ts.
- Kyllingbuljong - 1 3/4 kopper
- Kikerter - 1 boks (15 oz), skylt
- Frosne erter - 1 1/2 kopper
- Hakket fersk persille eller koriander - ½ kopp
- sitronskiver

## Indikasjoner:

Varm opp 2 ss. olje i en panne på middels varme. Rør inn couscousen og stek i 3 til 5 minutter eller til den akkurat begynner å bli brun. Ha over i en bolle og rengjør pannen.

Varm opp de resterende 2 ss. olje i pannen og tilsett løk, gulrøtter og 1 ts. salt. Kok i 5-7 minutter. Bland anis, ingefær, koriander og hvitløk. Kok til dufter (ca. 30 sekunder).

Kombiner kikertene og buljongen og kok opp. Bland inn couscousen og ertene. Dekk til og fjern fra varmen. Sett til side til couscousen er mør.

Tilsett persillen i couscousen og snurr med en gaffel for å kombinere. Hell over ekstra olje og krydre godt. Server med sitronbåter.

**Næring (per 100g):**649 kalorier 14,2 g fett 102,8 g karbohydrater 30,1 g protein 812 mg natrium

## Vegetarisk paella med grønne bønner og kikerter

**Forberedelsestid: 10 minutter**

**Matlagingstid**: 35 minutter

**Porsjoner: 4**

**Vanskelighetsgrad: lett**

**Ingredienser:**

- En klype safran
- Grønnsaksbuljong - 3 kopper
- Olivenolje - 1 ss.
- Gul løk - 1 stor, i terninger
- Hvitløk - 4 fedd, skiver
- Rød pepper - 1, i terninger
- Mosede tomater - ¾ kopp, ferske eller hermetiske
- Tomatpuré - 2 ss.
- Varm paprika - 1 ½ ts.
- Salt - 1 ts.
- Nykvernet sort pepper - ½ ts.
- Grønne bønner - 1 1/2 kopper, skrellet og halvert
- Kikerter - 1 boks (15 oz), drenert og skylt
- Kortkornet hvit ris - 1 kopp
- Sitron - 1, kuttet i terninger

**Indikasjoner:**

Bland safrantrådene med 3 ss. varmt vann i en liten bolle. I en kjele, la vannet koke over middels varme. Senk varmen og la det småkoke.

Kok oljen i en panne på middels varme. Rør inn løken og stek i 5 minutter. Tilsett paprika og hvitløk og stek i 7 minutter eller til paprikaen er myk. Rør inn safran-vannblandingen, salt, pepper, paprika, tomatpuré og tomater.

Tilsett ris, kikerter og grønne bønner. Rør inn den varme buljongen og kok opp. Reduser varmen og la det småkoke uten lokk i 20 minutter.

Serveres varm, pyntet med sitronbåter.

**Næring (per 100g):** 709 kalorier 12 g fett 121 g karbohydrater 33 g protein 633 mg natrium

## Hvitløksreker med tomater og basilikum

**Forberedelsestid: 10 minutter**

**Matlagingstid**: 10 minutter

**Porsjoner: 4**

**Vanskelighetsgrad: lett**

### Ingredienser:

- Olivenolje - 2 ss.
- Reker - 1 ¼ lbs, skrellet og renset
- Hvitløk - 3 fedd, hakket
- Knust rød pepperflak - 1/8 ts.
- Tørr hvitvin - ¾ kopp
- Druetomater - 1 1/2 kopper
- Finhakket fersk basilikum - ¼ kopp, pluss mer til pynt
- Salt - ¾ ts.
- Kvernet svart pepper - ½ ts.

### Indikasjoner:

Varm oljen over middels høy varme i en panne. Tilsett rekene og stek i 1 minutt eller til de akkurat er gjennomstekt. Overfør til en tallerken.

Legg de røde pepperflakene og hvitløken i oljen i gryten og stek under omrøring i 30 sekunder. Rør inn vinen og kok til den har redusert til omtrent halvparten.

Tilsett tomatene og stek til tomatene begynner å brytes ned (ca. 3 til 4 minutter). Rør inn de reserverte rekene, salt, pepper og basilikum. Kok i 1 til 2 minutter lenger.

Server garnert med resten av basilikum.

**Næring (per 100g):** 282 kalorier 10 g fett 7 g karbohydrater 33 g protein 593 mg natrium

# Reker paella

**Forberedelsestid: 10 minutter**

**Matlagingstid**: 25 minutter

**Porsjoner: 4**

**Vanskelighetsgrad: middels**

## Ingredienser:

- Olivenolje - 2 ss.
- Middels løk - 1, i terninger
- Rød pepper - 1, i terninger
- Hvitløk - 3 fedd, hakket
- En klype safran
- Varm paprika - ¼ ts.
- Salt - 1 ts.
- Nykvernet sort pepper - ½ ts.
- Kyllingbuljong - 3 kopper, delt
- Kortkornet hvit ris - 1 kopp
- Skrellede og uskallede store reker - 1 lb
- Frosne erter - 1 kopp, tint

## Indikasjoner:

Varm opp olivenolje i en panne. Rør inn løk og paprika og stek i 6 minutter eller til den er myk. Tilsett salt, pepper, paprika, safran og hvitløk og bland. Rør inn 2 1/2 kopper buljong og ris.

La blandingen koke, og la deretter småkoke til risen er gjennomkokt, ca 12 minutter. Plasser rekene og ertene på risen og tilsett den resterende ½ kopp kraften.

Sett lokket på pannen og stek til alle rekene er akkurat gjennomstekt (ca. 5 minutter). Tjene.

**Næring (per 100g):** 409 kalorier 10 g fett 51 g karbohydrater 25 g protein 693 mg natrium

# Linsesalat med oliven, mynte og fetaost

**Forberedelsestid: 60 minutter**

**Matlagingstid**: 60 minutter

**Porsjoner: 6**

**Vanskelighetsgrad: middels**

## Ingredienser:

- Salt og pepper
- Franske linser - 1 kopp, plukket og skylt
- Hvitløk - 5 fedd, lett knust og skrellet
- laurbærblad - 1
- Ekstra virgin olivenolje - 5 ss.
- Hvitvinseddik - 3 ss.
- Utstenede Kalamata-oliven - ½ kopp, hakket
- Hakket fersk mynte - ½ kopp
- Sjalottløk - 1 stor, hakket
- Fetaost - 1 oz, smuldret

## Indikasjoner:

Tilsett 4 kopper varmt vann og 1 ts. salt i en bolle. Tilsett linsene og la trekke i romtemperatur i 1 time. Tøm godt.

Sett rist i midten og varm ovnen til 325F. Kombiner linsene, 4 kopper vann, hvitløk, laurbærblad og 1/2 ts. salt i en kjele. Dekk til og sett gryten i ovnen og stek i 40-60 minutter eller til linsene er møre.

Tøm linsene godt, fjern hvitløk og laurbærblad. I en stor bolle, sikt olje og eddik sammen. Tilsett sjalottløk, mynte, oliven og linser og rør sammen.

Smak til med salt og pepper etter smak. Legg pent i serveringsfat og topp med fetaost. Tjene.

**Næring (per 100g):** 249 kalorier 14,3 g fett 22,1 g karbohydrater 9,5 g protein 885 mg natrium

# Kikerter med hvitløk og persille

**Forberedelsestid: 5 minutter**

**Matlagingstid**: 20 minutter

**Porsjoner: 6**

**Vanskelighetsgrad: middels**

## Ingredienser:

- Extra virgin olivenolje - ¼ kopp
- Hvitløk - 4 fedd, kuttet i tynne skiver
- Rød pepperflak - 1/8 ts.
- Løk - 1, hakket
- Salt og pepper
- Kikerter - 2 bokser (15 oz), skylt
- Kyllingbuljong - 1 kopp
- Hakket fersk persille - 2 ss.
- Sitronsaft - 2 ts.

## Indikasjoner:

Tilsett 3 ss i en panne. smør og stek hvitløk- og pepperflakene i 3 minutter. Rør inn løken og ¼ ts. tilsett salt og kok i 5-7 minutter.

Rør inn kikertene og kraften og kok opp. Reduser varmen og la det småkoke i 7 minutter, under lokk.

Avdekk og sett varmen til høy og kok i 3 minutter eller til all væske har fordampet. Sett til side og bland inn sitronsaft og persille.

Smak til med salt og pepper etter smak. Smak til med 1 ss. smør og server.

**Næring (per 100g):** 611 Kalorier 17,6 g Fett 89,5 g Karbohydrater 28,7 g Protein 789 mg Natrium

## Stuede kikerter med auberginer og tomater

**Forberedelsestid: 10 minutter**

**Matlagingstid**: 60 minutter

**Porsjoner: 6**

**Vanskelighetsgrad: lett**

**Ingredienser:**

- Extra virgin olivenolje - ¼ kopp
- Løk - 2, hakket
- Grønn pepper - 1, finhakket
- Salt og pepper
- Hvitløk - 3 fedd, hakket
- Hakket fersk oregano - 1 ss.
- laurbærblader - 2
- Aubergine - 1 lb., kuttet i 1-tommers biter
- Hele skrellede tomater - 1, boks, drenert med reservert juice, hakket
- Kikerter - 2 bokser (15 oz), drenert med 1 kopp reservert væske

**Indikasjoner:**

Plasser ovnsristen nederst i midten og varm ovnen til 400F. Varm oljen i den nederlandske ovnen. Tilsett paprika, løk, ½ ts. salt og ¼ ts. Pepper. Stek under omrøring i 5 minutter.

Rør inn 1 ts. oregano, hvitløk og laurbærblad og stek i 30 sekunder. Rør inn tomater, aubergine, reservert juice, kikerter og reservert væske og kok opp. Overfør gryten til ovnen og stek uten lokk i 45 til 60 minutter. Rør to ganger.

Fjern laurbærbladene. Rør inn de resterende 2 ts. oregano og smak til med salt og pepper. Tjene.

**Næring (per 100g):** 642 kalorier 17,3 g fett 93,8 g karbohydrater 29,3 g protein 983 mg natrium

## Gresk ris med sitron

**Forberedelsestid: 20 minutter**

**Matlagingstid**: 45 minutter

**Porsjoner: 6**

**Vanskelighetsgrad: middels**

**Ingredienser:**

- Langkornet ris - 2 kopper, rå (bløtlagt i kaldt vann i 20 minutter, deretter drenert)
- Ekstra virgin olivenolje - 3 ss.
- Gul løk - 1 medium, hakket
- Hvitløk - 1 fedd, finhakket
- Orzo pasta - ½ kopp
- Saft av 2 sitroner, pluss skall av 1 sitron
- Lav-natrium buljong - 2 kopper
- Klype salt
- Hakket persille - 1 stor håndfull
- Dill luke - 1 ts.

**Indikasjoner:**

Varm opp 3 ss i en kjele. ekstra virgin olivenolje. Tilsett løken og stek i 3-4 minutter. Tilsett orzo pasta og hvitløk og rør for å kombinere.

Tilsett deretter risen til belegget. Tilsett buljong og sitronsaft. Kok opp og senk varmen. Dekk til og kok i ca 20 minutter.

Fjern fra varme. Dekk til og sett til side i 10 minutter. Avdekk og tilsett sitronskall, dillurt og persille. Tjene.

**Næring (per 100g):** 145 kalorier 6,9 g fett 18,3 g karbohydrater 3,3 g protein 893 mg natrium

# Ris med aromatiske urter

**Forberedelsestid: 10 minutter**

**Matlagingstid**: 30 minutter

**Porsjoner: 4**

**Vanskelighetsgrad: lett**

## Ingredienser:

- Extra virgin olivenolje - ½ kopp, delt
- Store fedd hvitløk - 5, hakket
- Brun jasminris - 2 kopper
- Vann - 4 kopper
- Havsalt - 1 ts.
- Svart pepper - 1 ts.
- Finhakket fersk gressløk - 3 ss.
- Hakket fersk persille - 2 ss.
- Finhakket fersk basilikum - 1 ss.

**Indikasjoner:**

Tilsett ¼ kopp olivenolje, hvitløk og ris i en kjele. Rør og varm opp over middels varme. Bland vann, havsalt og sort pepper. Bland deretter igjen.

Kok opp og senk varmen. La det småkoke uten lokk, rør av og til.

Når vannet er nesten absorbert, rør inn den resterende ¼ kopp olivenolje, sammen med basilikum, persille og gressløk.

Rør til urtene er innlemmet og alt vannet er absorbert.

**Næring (per 100g):** 304 kalorier 25,8 g fett 19,3 g karbohydrater 2 g protein 874 mg natrium

# Middelhavsrissalat

**Forberedelsestid: 10 minutter**

**Matlagingstid**: 25 minutter

**Porsjoner: 4**

**Vanskelighetsgrad: middels**

**Ingredienser:**

- Extra virgin olivenolje - ½ kopp, delt
- Langkornet brun ris - 1 kopp
- Vann - 2 kopper
- Fersk sitronsaft - ¼ kopp
- Hvitløksfedd - 1, finhakket
- Hakket fersk rosmarin - 1 ts.
- Hakket fersk mynte - 1 ts.
- Belgisk endive - 3, hakket
- Rød pepper - 1 medium, hakket
- Drivhusagurk - 1, hakket
- Hakket hel grønn løk - ½ kopp
- Hakkede Kalamata-oliven - ½ kopp
- Rød pepperflak - ¼ ts.
- Smuldret fetaost - ¾ kopp
- Havsalt og sort pepper

**Indikasjoner:**

Varm ¼ kopp olivenolje, ris og en klype salt i en kjele på lav varme. Rør for å belegge risen. Tilsett vannet og la det småkoke til vannet er absorbert. Rør av og til. Hell risen i en stor bolle og la den avkjøles.

I en annen bolle blander du den resterende ¼ koppen olivenolje, røde pepperflak, oliven, grønn løk, agurk, paprika, endive, mynte, rosmarin, hvitløk og sitronsaft.

Ha risen i blandingen og rør for å blande. Bland forsiktig inn fetaosten.

Smak til og juster krydderet. Tjene.

**Næring (per 100g):** 415 kalorier 34 g fett 28,3 g karbohydrater 7 g protein 4755 mg natrium

## Frisk bønne- og tunfisksalat

**Forberedelsestid: 5 minutter**

**Matlagingstid**: 20 minutter

**Porsjoner: 6**

**Vanskelighetsgrad: lett**

### Ingredienser:

- Friske bønner (avskallet) - 2 kopper
- laurbærblader - 2
- Ekstra virgin olivenolje - 3 ss.
- Rødvinseddik - 1 ss.
- Salt og sort pepper
- Tunfisk av beste kvalitet - 1 boks (6 oz), pakket i olivenolje
- Salte kapers - 1 ss. bløtlagt og tørket
- Finhakket flatbladpersille - 2 ss.
- Rødløk - 1, i skiver

**Indikasjoner:**

Kok opp lettsaltet vann i en kjele. Tilsett bønner og laurbærblad; Kok deretter i 15 til 20 minutter eller til bønnene er møre, men fortsatt faste. Hell av, fjern aromatene og ha over i en bolle.

Krydre straks bønner med eddik og olje. Tilsett salt og sort pepper. Bland godt og juster krydderet. Tøm tunfisken og sleng tunfiskkjøttet inn i bønnesalaten. Tilsett persille og kapers. Rør for å blande og strø over rødløkskivene. Tjene.

**Næring (per 100g):** 85 kalorier 7,1 g fett 4,7 g karbohydrater 1,8 g protein 863 mg natrium

# Deilig kyllingpasta

**Forberedelsestid: 10 minutter**

**Matlagingstid**: 17 minutter

**Porsjoner: 4**

**Vanskelighetsgrad: lett**

## Ingredienser:

- 3 kyllingbryst, uten skinn, ben, kuttet i biter
- 300 g fullkornspasta
- 1/2 kopp oliven, i skiver
- 1/2 kopp soltørkede tomater
- 1 ss stekt rød paprika, hakket
- 14 oz boks tomat, i terninger
- 2 kopper marinara saus
- 1 kopp kyllingbuljong
- Pepper
- salt

## Indikasjoner:

Bland alle ingrediensene unntatt fullkornspastaen i Instant Pot.

Lukk lokket og kok over høy varme i 12 minutter.

Når det er gjort, la trykket lette naturlig. Ta av lokket.

Tilsett pastaen og bland godt. Lukk gryten igjen og velg manuell og still inn timeren på 5 minutter.

Når du er ferdig, slipp trykket i 5 minutter, og slipp deretter resten med hurtigutløseren. Ta av lokket. Bland godt og server.

**Næring (per 100g):** 615 kalorier 15,4 g fett 71 g karbohydrater 48 g protein 631 mg natrium

# Middelhavs taco

**Forberedelsestid: 10 minutter**

**Matlagingstid**: 14 minutter

**Porsjoner: 8**

**Vanskelighetsgrad: middels**

## Ingredienser:

- 1 pund kjøttdeig
- 8 gram cheddarost, strimlet
- 14 oz kan røde bønner
- 2 gram tacokrydder
- 16 oz saus
- 2 kopper vann
- 2 kopper brun ris
- Pepper
- salt

**Indikasjoner:**

Sett Instant Pot til sauté-modus.

Legg kjøttet i gryten og stek til det er brunt.

Tilsett vann, bønner, ris, tacokrydder, pepper og salt og bland godt.

Topp med sausen. Lukk lokket og kok over høy varme i 14 minutter.

Når du er ferdig, slipp trykket med hurtigutløseren. Ta av lokket.

Rør inn cheddarosten og rør til osten er smeltet.

Server og nyt.

**Næring (per 100g):** 464 kalorier 15,3 g fett 48,9 g karbohydrater 32,2 g protein 612 mg natrium

# Velsmakende mac og ost

**Forberedelsestid: 10 minutter**

**Matlagingstid**: 10 minutter

**Porsjoner: 6**

**Vanskelighetsgrad: lett**

## Ingredienser:

- 500 g fullkorn albuepasta
- 4 kopper vann
- 1 kopp tomat i terninger
- 1 ts finhakket hvitløk
- 2 ss olivenolje
- 1/4 kopp grønn løk, hakket
- 1/2 kopp revet parmesan
- 1/2 kopp revet mozzarella
- 1 kopp cheddarost, revet
- 1/4 kopp puré
- 1 kopp usøtet mandelmelk
- 1 kopp marinerte artisjokker, i terninger
- 1/2 kopp soltørkede tomater, i skiver
- 1/2 kopp oliven, i skiver
- 1 teskje salt

**Indikasjoner:**

Tilsett pasta, vann, tomater, hvitløk, olje og salt i Instant Pot og bland godt. Dekk lokket og kok over høy varme.

Når du er ferdig, slipp trykket i noen minutter, og slipp deretter ut resten ved hjelp av hurtigdumpen. Ta av lokket.

Sett gryten i sautémodus. Tilsett grønn løk, parmesan, mozzarella, cheddarost, tomatsaus, mandelmelk, artisjokker, soltørkede tomater og oliven. Bland godt.

Bland godt og kok til osten har smeltet.

Server og nyt.

**Næring (per 100g):** 519 kalorier 17,1 g fett 66,5 g karbohydrater 25 g protein 588 mg natrium

# Agurk oliven ris

**Forberedelsestid: 10 minutter**

**Matlagingstid**: 10 minutter

**Porsjoner: 8**

**Vanskelighetsgrad: middels**

## Ingredienser:

- 2 kopper ris, skylt
- 1/2 kopp utpitte oliven
- 1 kopp agurk, hakket
- 1 ss rødvinseddik
- 1 ts revet sitronskall
- 1 ss fersk sitronsaft
- 2 ss olivenolje
- 2 kopper grønnsaksbuljong
- 1/2 ts tørket oregano
- 1 rød paprika, hakket
- 1/2 kopp løk, finhakket
- 1 spiseskje olivenolje
- Pepper
- salt

## Indikasjoner:

Tilsett oljen i den indre gryten i Instant Pot og sett gryten i sautémodus. Tilsett løken og fres i 3 minutter. Tilsett paprika og oregano og stek i 1 minutt.

Tilsett ris og buljong og bland godt. Lukk lokket og kok over høy varme i 6 minutter. Når du er ferdig, la trykket slippe i 10 minutter, og slipp deretter resten ved hjelp av hurtigutløseren. Ta av lokket.

Tilsett de andre ingrediensene og bland godt for å blande. Server den umiddelbart og nyt den.

**Næring (per 100g):** 229 kalorier 5,1 g fett 40,2 g karbohydrater 4,9 g protein 210 mg natrium

# Aromatiske urter risotto

**Forberedelsestid: 10 minutter**

**Matlagingstid**: 15 minutter

**Porsjoner: 4**

**Vanskelighetsgrad: middels**

## Ingredienser:

- 2 kopper ris
- 2 ss revet parmesan
- 100 g fløte
- 1 ss frisk oregano, finhakket
- 1 ss frisk basilikum, hakket
- 1/2 ss salvie, hakket
- 1 løk, hakket
- 2 ss olivenolje
- 1 ts hvitløk, finhakket
- 4 kopper grønnsaksbuljong
- Pepper
- salt

## Indikasjoner:

Tilsett oljen i Instant Pot's indre gryte og klikk gryten i sautémodus. Tilsett hvitløk og løk i den indre pannen i Instant Pot og trykk kjelen til sautémodus. Tilsett hvitløk og løk og fres i 2-3 minutter.

Tilsett de andre ingrediensene unntatt parmesanen og fløten og bland godt. Lukk lokket og kok over høy varme i 12 minutter.

Når du er ferdig, slipper du trykket i 10 minutter, og slipp deretter resten med hurtigutløseren. Ta av lokket. Bland fløte og ost og server.

**Næring (per 100g):** 514 kalorier 17,6 g fett 79,4 g karbohydrater 8,8 g protein 488 mg natrium

# Deilig Pasta Primavera

**Forberedelsestid: 10 minutter**

**Matlagingstid**: 4 minutter

**Porsjoner: 4**

**Vanskelighetsgrad: lett**

## Ingredienser:

- 250 g fullkornspenne
- 1 ss fersk sitronsaft
- 2 ss hakket fersk persille
- 1/4 kopp flakket mandler
- 1/4 kopp revet parmesan
- 14 oz boks tomat, i terninger
- 1/2 kopp svisker
- 1/2 kopp zucchini, hakket
- 1/2 kopp asparges
- 1/2 kopp gulrøtter, hakket
- 1/2 kopp brokkoli, hakket
- 1 3/4 kopper grønnsaksbuljong
- Pepper
- salt

**Indikasjoner:**

Tilsett buljong, pars, tomater, svisker, zucchini, asparges, gulrøtter og brokkoli i Instant Pot og bland godt. Lukk og kok over høy varme i 4 minutter. Når du er ferdig, slipp trykket med hurtigutløseren. Ta av lokket. Bland de resterende ingrediensene godt og server.

**Næring (per 100g):** 303 kalorier 2,6 g fett 63,5 g karbohydrater 12,8 g protein 918 mg natrium

## Stekt pepperpasta

**Forberedelsestid: 10 minutter**

**Matlagingstid**: 13 minutter

**Porsjoner: 6**

**Vanskelighetsgrad: middels**

### Ingredienser:

- 1 lb. helhvete penne pasta
- 1 ss italiensk krydder
- 4 kopper grønnsaksbuljong
- 1 ss hvitløk, finhakket
- 1/2 løk, hakket
- Stekt rød paprika i 14 oz krukke
- 1 kopp fetaost, smuldret
- 1 spiseskje olivenolje
- Pepper
- salt

### Indikasjoner:

Tilsett den stekte pepperen i blenderen og kjør til den er jevn. Tilsett oljen i den indre kjelen i Instant Pot og sett muggen til sauté-modus. Tilsett hvitløk og løk i den indre koppen i Instant Pot og fres. Tilsett hvitløk og løk og fres i 2-3 minutter.

Tilsett stekt pepperpuré og fres i 2 minutter.

Tilsett de resterende ingrediensene unntatt fetaen og bland godt. Lukk godt og kok over høy varme i 8 minutter. Når du er ferdig, slipp trykket naturlig i 5 minutter, og slipp deretter resten med hurtigutløseren. Ta av lokket. Topp med fetaost og server.

**Næring (per 100g):** 459 kalorier 10,6 g fett 68,1 g karbohydrater 21,3 g protein 724 mg natrium

# Ost basilikum tomat ris

**Forberedelsestid: 10 minutter**

**Matlagingstid**: 26 minutter

**Porsjoner: 8**

**Vanskelighetsgrad: middels**

## Ingredienser:

- 1 og en halv kopp brun ris
- 1 kopp revet parmesan
- 1/4 kopp frisk basilikum, hakket
- 2 kopper cherrytomater, halvert
- 250 g tomatsaus
- 1 3/4 kopp grønnsaksbuljong
- 1 ss hvitløk, finhakket
- 1/2 kopp løk, i terninger
- 1 spiseskje olivenolje
- Pepper
- salt

**Indikasjoner:**

Tilsett oljen i den indre bollen i Instant Pot og velg gryten fremfor steken. Legg hvitløken og løken i den indre gryten i Instant Pot og legg i pannen. Rør inn hvitløk og løk og fres i 4 minutter. Tilsett ris, tomatsaus, buljong, pepper og salt og bland godt.

Lukk den og kok over høy varme i 22 minutter.

Når den er ferdig, la den slippe trykket i 10 minutter, og slipp deretter ut restene med hurtigutløseren. Fjern lokket. Tilsett de resterende ingrediensene og bland. Server og nyt.

**Næring (per 100g):** 208 kalorier 5,6 g fett 32,1 g karbohydrater 8,3 g protein 863 mg natrium

# Pasta med tunfisk

**Forberedelsestid: 10 minutter**

**Matlagingstid**: 8 minutter

**Porsjoner: 6**

**Vanskelighetsgrad: middels**

## Ingredienser:

- 10 oz drenert tunfisk
- 15 gram helhvete rotini pasta
- 100 g mozzarella i terninger
- 1/2 kopp revet parmesan
- 1 ts tørket basilikum
- 14 oz boks tomat
- 4 kopper grønnsaksbuljong
- 1 ss hvitløk, finhakket
- 8 oz sopp, i skiver
- 2 squash, i skiver
- 1 løk, hakket
- 2 ss olivenolje
- Pepper
- salt

**Indikasjoner:**

Hell oljen i den indre kjelen i Instant Pot og trykk kjelen på røret. Tilsett sopp, squash og løk og fres til løken er myk. Tilsett hvitløken og fres i ett minutt.

Tilsett pasta, basilikum, tunfisk, tomater og buljong og bland godt. Lukk og kok over høy varme i 4 minutter. Når du er ferdig, slipp trykket i 5 minutter, og slipp deretter resten med hurtigutløseren. Ta av lokket. Tilsett de andre ingrediensene og bland godt og server.

**Næring (per 100g):** 346 kalorier 11,9 g fett 31,3 g karbohydrater 6,3 g protein 830 mg natrium

# Blandede smørbrød avokado og kalkun

**Forberedelsestid: 5 minutter**

**Matlagingstid**: 8 minutter

**Porsjoner: 2**

**Vanskelighetsgrad: lett**

**Ingredienser:**

- 2 røde paprika, stekt og kuttet i strimler
- ¼ lb tynne skiver mesquite røkt kalkunbryst
- 1 kopp hele ferske spinatblader, delt
- 2 skiver provolone
- 1 ss olivenolje, delt
- 2 ruller ciabatta
- ¼ kopp majones
- ½ moden avokado

**Indikasjoner:**

Mos majones og avokado godt sammen i en bolle. Forvarm deretter Panini-pressen.

Skjær rundstykkene i to og fordel olivenoljen inni brødet. Fyll deretter med fyllet, legg dem gradvis: provolaost, kalkunbryst, stekt pepper, spinatblader og fordel avokadoblandingen og dekk med den andre brødskiven.

Legg smørbrødet i Panini-pressen og grill i 5 til 8 minutter til osten har smeltet og brødet er sprøtt og krøllete.

**Næring (per 100g):** 546 kalorier 34,8 g fett 31,9 g karbohydrater 27,8 g protein 582 mg natrium

## Kylling med agurk og mango

**Forberedelsestid: 5 minutter**

**Matlagingstid**: 20 minutter

**Porsjoner: 1**

**Vanskelighetsgrad: vanskelig**

### Ingredienser:

- ½ middels agurk kuttet på langs
- ½ moden mango
- 1 ss valgfri salatdressing
- 1 fullkornstortilla
- 1-tommers tykk skive kyllingbryst ca 6 tommer lang
- 2 ss olje til steking
- 2 ss fullkornsmel
- 2-4 salatblader
- Salt og pepper etter smak

### Indikasjoner:

Skjær et kyllingbryst i 1-tommers strimler og stek bare totalt 6-tommers strimler. De ville vært som to strimler med kylling. Oppbevar kyllingrester for fremtidig bruk.

Krydre kyllingen med pepper og salt. Ha i fullkornsmel.

Over middels varme, plasser en liten, nonstick-gryte og varm opp oljen. Når oljen er varm, tilsett kyllingstrimlene og stek til de er gyldenbrune ca 5 minutter per side.

Mens kyllingen steker, sett tortillawraps i ovnen og stek i 3 til 5 minutter. Sett deretter til side og over på en tallerken.

Skjær agurken på langs, bruk kun ½ og behold den resterende agurken. Skrell den delte agurken og fjern marven. Legg de to agurkskivene på tortillaen, 1 tomme unna kanten.

Skjær mangoen i skiver og ha den andre halvdelen med frøene. Skrell den frøfrie mangoen, skjær den i strimler og legg den oppå agurken på tortillaen.

Når kyllingen er ferdigstekt, legg kyllingen ved siden av agurken i kø.

Tilsett agurkblad, drypp med valgfri salatdressing.

Rull sammen tortillaen, server og nyt.

**Næring (per 100g):** 434 kalorier 10 g fett 65 g karbohydrater 21 g protein 691 mg natrium

# Fattoush - brød fra Midtøsten

**Forberedelsestid: 10 minutter**

**Matlagingstid**: 15 minutter

**Porsjoner: 6**

**Vanskelighetsgrad: vanskelig**

## Ingredienser:

- 2 brød pitabrød
- 1 ss ekstra virgin olivenolje
- 1/2 ts sumac, mer til senere
- Salt og pepper
- 1 hjerte av romansalat
- 1 engelsk agurk
- 5 Roma tomater
- 5 grønne løk
- 5 reddiker
- 2 kopper hakkede friske bladpersille
- 1 kopp hakkede friske mynteblader
- <u>Krydderingredienser:</u>
- 1 1/2 lime, saft av
- 1/3 kopp ekstra virgin olivenolje
- Salt og pepper
- 1 ts malt sumak
- 1/4 ts malt kanel
- snaut 1/4 ts malt allehånde

**Indikasjoner:**

Rist pitabrødet i brødristeren i 5 minutter. Og så bryter du pitabrødet i biter.

Varm 3 ss olivenolje i en stor panne over middels varme i 3 minutter. Tilsett pitabrødet og stek til de er gyldenbrune, ca. 4 minutter, under omrøring.

Tilsett salt, pepper og 1/2 ts sumac. Sett pitablisene til side fra varmen og legg dem på absorberende papir for å renne av.

I en stor salatskål blander du godt hakket salat, agurk, tomater, grønn løk, skivet reddik, mynteblader og persille.

For å lage limevinaigretten, visp alle ingrediensene sammen i en liten bolle.

Bland dressingen inn i salaten og bland godt. Tilsett pitabrød.

Server og nyt.

**Næring (per 100g):** 192 kalorier 13,8 g fett 16,1 g karbohydrater 3,9 g protein 655 mg natrium

# Glutenfri hvitløk og tomatfocaccia

**Forberedelsestid: 5 minutter**

**Matlagingstid**: 20 minutter

**Porsjoner: 8**

**Vanskelighetsgrad: vanskelig**

### Ingredienser:

- 1 egg
- ½ ts sitronsaft
- 1 spiseskje honning
- 4 ss olivenolje
- En klype sukker
- 1 ¼ kopp varmt vann
- 1 ss aktiv tørrgjær
- 2 ts hakket rosmarin
- 2 ts hakket timian
- 2 ts hakket basilikum
- 2 fedd hvitløk, finhakket
- 1 ¼ ts havsalt
- 2 ts xantangummi
- ½ kopp hirsemel
- 1 kopp potetstivelse, ikke mel
- 1 kopp sorghummel
- Glutenfritt maismel til støvtørking

**Indikasjoner:**

Slå på ovnen i 5 minutter og slå den av mens du holder ovnsdøren lukket.

Kombiner varmt vann og en klype sukker. Tilsett gjæren og bland forsiktig. La virke i 7 minutter.

I en stor bolle, visp urter, hvitløk, salt, xantangummi, stivelse og mel godt. Når gjæren har hevet, hell den over i melbollen. Pisk egg, sitronsaft, honning og olivenolje.

Bland godt og legg i en godt smurt firkantet panne, drysset med maismel. Topp med fersk hvitløk, andre urter og skivede tomater. Sett i den varme ovnen og la heve i en halv time.

Slå på ovnen til 375oF og etter forvarming i 20 minutter. Focacciaen er tilberedt når toppene er lett brunet. Ta ut av ovnen og pannen umiddelbart og la avkjøle. Den skal serveres varm.

**Næring (per 100g):** 251 kalorier 9 g fett 38,4 g karbohydrater 5,4 g protein 366 mg natrium

# Grillet burger med sopp

**Forberedelsestid: 15 minutter**

**Matlagingstid**: 10 minutter

**Porsjoner: 4**

**Vanskelighetsgrad: middels**

## Ingredienser:

- 2 bib salat, halvert
- 4 skiver rødløk
- 4 skiver tomat
- 4 fullkornsboller, ristet
- 2 ss olivenolje
- ¼ ts kajennepepper, valgfritt
- 1 fedd hvitløk, finhakket
- 1 spiseskje sukker
- ½ kopp vann
- 1/3 kopp balsamicoeddik
- 4 store portobellosopphetter, ca 5 tommer i diameter

## Indikasjoner:

Fjern stilkene fra soppen og tørk av dem med en fuktig klut. Ha over i en ildfast form med gjellene opp.

Bland godt sammen olivenolje, cayennepepper, hvitløk, sukker, vann og eddik i en bolle. Hell over soppen og mariner soppen i ref i minst en time.

Når timen er nesten ute, forvarm grillen over middels høy varme og smør risten.

Grill soppen i fem minutter på hver side eller til den er mør. Smør soppen med marinaden så den ikke tørker ut.

For å sette sammen, legg ½ sandwich på en tallerken, pynt med en løkskive, sopp, tomat og et salatblad. Dekk med den andre øvre halvdelen av bollen. Gjenta prosessen med de resterende ingrediensene, server og nyt.

**Næring (per 100g):** 244 kalorier 9,3 g fett 32 g karbohydrater 8,1 g protein 693 mg natrium

# Middelhavet Baba Ghanoush

**Forberedelsestid: 10 minutter**

**Matlagingstid**: 25 minutter

**Porsjoner: 4**

**Vanskelighetsgrad: middels**

## Ingredienser:

- 1 hvitløkløk
- 1 rød paprika, halvert og fjernet fra frø
- 1 ss hakket fersk basilikum
- 1 spiseskje olivenolje
- 1 ts sort pepper
- 2 auberginer i skiver på langs
- 2 runder focaccia eller pita
- Saft av 1 sitron

## Indikasjoner:

Pensle grillen med kokespray og forvarm grillen til middels høy.

Skjær toppen av hvitløksløken og pakk dem inn i folie. Legg på den kjøligste delen av grillen og stek i minst 20 minutter. Legg paprika- og aubergineskivene på den varmeste delen av grillen. Rutenett for begge sider.

Når pærene er klare, skrell de ristede hvitløksskallene og ha den skrellede hvitløken i kjøkkenmaskinen. Tilsett olivenolje, pepper, basilikum, sitronsaft, grillet rød pepper og grillet aubergine. Bland og hell i en bolle.

Grill brødet minst 30 sekunder per side for å varme det opp. Server brødet med purésausen og nyt.

**Næring (per 100g):** 231,6 Kalorier 4,8 g Fett 36,3 g Karbohydrater 6,3 g Protein 593 mg Natrium

www.ingramcontent.com/pod-product-compliance
Lightning Source LLC
Chambersburg PA
CBHW050347120526
44590CB00015B/1591